Zaubertränke für Anfänger

über Analogie-Magie, Astrologie, Homöopathie, Lebenskraft und noch mehr

Kontakt: www.HarryEilenstein.de
Harry.Eilenstein@web.de
Harry Eilenstein bei youtube

Herstellung und Verlag: BoD – Books on Demand, Norderstedt

ISBN: 9783755709978

Inhaltsverzeichnis

I Zaubertränke

Was ist ein Zaubertrank? Nun, ein Zaubertrank ist ein Trank, der etwas verzaubern kann.

Da meines Wissens jedoch kein real existierender Trank bekannt ist, der z.B. einen Menschen in einen Bären verwandeln kann, stellt sich die Frage, was dieses „zaubern" in dem Wort „Zaubertränke" sein könnte – falls es solche Zaubertränke überhaupt gibt.

Man könnte die Antwort leicht abwandeln und sagen, daß ein Zaubertrank ein „magischer Trank" ist, also ein Trank mit einer magischen Wirkung. Nach dieser Definition wäre ein Zaubertrank ein Trank, der eine Wirkung hat, die er aus rein physikalischer, chemischer, biologischer und pharmazeutischer Sicht nicht haben sollte. Das würde bedeuten, daß z.B. homöopathische Tropfen (und Globuli) Zaubertränke wären. Über diese Bezeichnung wäre sogar der allergrößte Teil der Homöopathen entsetzt. Nun ja …

Wie steht es mit anderen, nicht-homöopathischen Tränken, die eine nicht-physikalische Wirkung haben – z.B. mit dem Abendmahlswein? Auch die Priester wären entsetzt, wenn man den Abendmahlswein als Zaubertrank oder als magisch wirksame Flüssigkeit bezeichnen würde.

Ein möglicher Ansatz wäre es auch, alle Flüssigkeiten als Zaubertrank aufzufassen, in denen die hohe Konzentration von Lebenskraft das wirkende Element ist. In diesem Falle würden sich die Vampire freuen, da dann unter anderem auch das Blut zu den Zaubertränken gehören würde.

Man müßte diesen Ansatz also evtl. noch einnmal wie folgt korrigieren: Alle Flüssigkeiten, in denen die Lebenskraft auf eine Weise geprägt worden ist, die nicht dem normalen Zustand dieser Flüssigkeit entspricht, sind Zaubertränke. Leider wären dann auch alle Abwässer unserer Zivilisation Zaubertränke …

Dann gibt es noch die Alchemie mit dem Lebenselixier, das zwar sehr berühmt, aber nicht in Apotheken erhältlich ist.

Schließlich gibt es z.B. in den germanischen Sagas konkrete Rezepte für Zaubertränke, wobei jedoch die Wirksamkeit dieser Tränke ausgesprochen zweifelhaft ist. Auch in Märchen und in vielen Mythen erscheinen Zaubertränke, die die verschiedensten Wirkungen haben, und auch verwunschene Quellen können die Wirkung von Zaubertränken haben.

Es scheint nicht so ganz einfach zu sein, eine klare und auf alle Möglichkeiten zutreffende Definition dafür zu finden, was ein Zaubertrank ist. Daher folgen nun erst einmal die Beschreibungen der verschiedenen Tränke, die man als „Zaubertränke" bezeichnen könnte.

Vielleicht ergibt sich daraus ja am Ende eine brauchbare Definition für das, was ein „Zaubertrank“ ist.

II Der Wiedergeburts-Trank

Auch schon in der Altsteinzeit haben die Menschen Nahtod-Erlebnisse gehabt, d.h. eine Astralreise erlebt. Das hat zu der Vorstellung einer Seele geführt, die auch nach dem Tod weiterbesteht – schließlich kann sich der Astralkörper aus dem physischen Körper herauslösen und unabhängig von ihm existieren.

Die Ankunft im Jenseits hat man sich offenbar als eine zweite Geburt, also eine Wiedergeburt vorgestellt. Daher stammt das Motiv der zweifachen Göttin, das seit der späten Altsteinzeit bis in das frühe Königtum hinein bekannt ist: Sie ist die Diesseits-Mutter und die Jenseits-Mutter.

Es lag nahe, diese Wiedergeburt im Jenseits durch eine ihr vorausgehende Wiederzeugung und ein ihr folgendes Wiederstillen zu ergänzen. Durch das Wiederstillen entstand die Vorstellung der nährenden Milch der Jenseitsgöttin in der Unterwelt.

Diese Milch der Göttin ist der wichtigste aller Zaubertränke. Er war zunächst einfach die Nahrung der wiedergeborenen Toten im Jenseits. Da die Toten gerade erst wiedergeboren worden waren, waren sie Säuglinge und Kinder – da sie jedoch gleichzeitig auch schon alt waren (schließlich waren sie im Diesseits gestorben), hatten die männlichen Toten auch einen langen Bart. Aus der Kombination dieser beiden Merkmale ist das Motive der bärtigen Kinder bzw. der kleinen bärtigen Menschen entstanden: die Zwerge. Daher sind die Zwerge die Hüter dieses speziellen Zaubertranks.

Da die Milch der Göttin nicht nur das Symbol für die Ernährung im Jenseits, sondern auch für die Geborgenheit der Toten bei der Göttin gewesen ist, hat sich dieser „Jenseits-Trank" weiterentwickelt und ist zu dem Symbol des „Guten im Jenseits" geworden.

Nach und nach trat das Trinken der Milch der Göttin an die Stelle des Wiederzeugens getreten, was auch den Vorteil der Allgemeingültigkeit hatte – schließlich funktioniert das Motiv der Wiederzeugung zusammen mit der Jenseitsgöttin, das der Wiedergeburt vorausgeht, nur für die männlichen Toten.

Aus der Milch der Göttin als der Nahrung im Jenseits und als dem Geborgenheits-Symbol im Jenseits wurde so im Laufe der Zeit das Element, das die Wiedergeburt bewirkt hat.

Da man die Milch der Göttin bereits im Ritual benutzt hat – anfangs vermutlich nur bei Bestattungen – lag es nahe, dieses Trinken der Milch der Göttin zu einem Ritual umzudeuten, durch das man sich bereits im Diesseits die Wiedergeburt durch die Göttin im Jenseits sichern konnte.

In dieser Symbolik erscheint der „magisch wirksame Ritual-Trank" in den frühen Überlieferungen: als Soma amrita („Unsterblichkeits-Trank") bei den Indern, als Haoma bei den Persern, als Nektar ambrosia („Unsterblichkeits-Honigtrank"), als

„Kwasir“ genannter Göttermet bei den Germanen, als Met bei den Kelten, als Balché bei den Mayas, als Trank der Hathor im ägyptischen Kult der Muttergöttin Hathor usw.

Das Rezept für diesen Trank ist zunächst sehr einfach gewesen: Milch. Man kann vermuten, daß dieser Trank erst in der Jungsteinzeit entstanden ist nachdem die Viehzucht entdeckt wurde und somit ausreichend Milch verfügbar gewesen ist. Außerdem stammt das Denken in Analogien und folglich die Verwendung von Symbolen wie hier der Milch aus den erst in der Jungsteinzeit enstandenen mythologisch-magischen Weltbildern.

Dieses Rezept wurde dann durch Honig erweitert – Milch war die Essenz der Tierwelt, Honig war die Essenz der Pflanzenwelt. Auf diese Weise ist das Motiv des „Landes, in dem Milch und Honig fließen“, d.h. des Jenseits als eines Landes der Fülle, entstanden. Die Quelle dieser Fülle ist die Jenseitsgöttin. Das indische Soma enthielt Milch und Honig, der griechische Nektar amrita sowie der Met der Germanen und Kelten bestand bereits hauptsächlich aus Honig und Wasser.

In Indien und in Europa ist versucht worden, diesen Trank zu einer Art Universal-Medizin weiterzuentwickeln. Die Haupteigenschaft dieses Lebenselixiers ist jedoch weiterhin der Sieg über den Tod geblieben – allerdings trat bei dem alchemistischen Lebenselixier die Unsterblichkeit im Diesseits an die Stelle der Wiedergeburt im Jenseits.

Dieser Trank hatte im Kult der Jungsteinzeit eine derart zentrale Rolle, daß dieser Trank selber zu einer Gottheit personifiziert worden ist, die zugleich der Priester war, der die Trank-Rituale geleitet hat. Dies waren bei den Indern der Gott Soma, bei den Persern der Gott Haoma, bei den Germanen der Gott Kwasir und bei den Kelten Medugenus.

Diese Identifizierung des Unsterblichkeitstrankes mit einer Gottheit findet sich auch im Christentum: Der Abendmahlswein, den die Menschen in der Kirche trinken, ist das Blut Christi. Diese Symbolik fand sich auch schon bei den Germanen, bei denen der Kwasir-Trank (ebenfalls in symbolischer Hinsicht) auch das Blut des Kwasir enthielt.

Die Unterwelt erscheint in vielen Mythen als Wasserunterwelt, da man sich vorgestellt hat, daß die Erde als Scheibe in einem Meer schwimmt. Dieses unterirdische Wasser stieg dann in den Quellen aus der Erde empor und auch die Wolken, die den Regen bringen, scheinen ja am Horizont aus der Erde aufzusteigen. Daher waren Quellen, Flüsse, Seen und das Meer Eingänge in die Unterwelt. Es lag daher nahe, das Wasser aus den Quellen (das ja aus der Unterwelt kam) mit dem Ritualtrank (der in der Unterwelt helfen sollte) miteinander zu assoziieren. So entstand das Motiv der verwunschenen Quellen, deren Wasser verschiedene Verwandlungen bewirken konnte.

Eine recht späte Entwicklung ist die Umdeutung der religiös-magischen Inspiration, also der Begeisterung durch die Bewußtwerdung der eigenen unsterblichen Seele, zu der Inspiration der Dichter. Diese Weiterentwicklung findet sich am deutlichsten bei den Germanen in dem Skalden-Met, aber sie kommt auch bei anderen indogermanischen Völkern vor.

III Homöopathie

Wenn man Zaubertränke als „Substanz mit nicht-physikalischer Wirkung" definiert, gehören auch die homöopathischen Tröpfchen und Kügelchen („Globuli") zu den Zaubertränken. Es ist eigentlich erstaunlich, wie selten sie in der Magie verwendet werden, da sie doch ausgesprochen wirksam sein können.

Diese Mittel werden wie folgt hergestellt:

Herstellung der Substanz

Eine beliebige Substanz (in der Regel aus der Natur) wird im Verhältnis 1:10, 1:100 oder 1:50.000 mit einem neutralen Stoff (Milchzucker, Alkohol, destilliertem Wasser, Glycerin) vermischt.

Dieser Vorgang wird mehrfach wiederholt:

- Wenn ein Stoff dreimal mit Milchzucker im Verhältnis 1:10 vermischt worden ist, ergibt sich ein Mischungsverhältnis von 1:1.000 (1:10·10·10), was dann „D3" genannt wird („D" = „dezimal").
- Eine fünffache Mischung im Verhältnis 1:100 ergibt ein Mischungsverhältnis von 1:10.000.000.000, was man „C5" nennt.
- Eine zehnfache Mischung von 1:50.000 wird dann „LM10" oder auch „Q10" genannt.

Diese Mischungsverhältnisse (D3, C5, LM10 usw.) werden „Potenz" genannt.

Ab einer Vermischung von D20, C10 oder LM3 ist von der ursprünglichen Substanz, die zu diesem Heilmittel vermischt worden ist, praktisch nichts mehr übrig – die vorliegende Mischung besteht dann chemisch gesehen nur noch aus dem neutralen Stoff (Milchzucker u.ä.).

In der „Geschichte" dieser Mischung ist jedoch die Natur-Substanz noch vorhanden. Sie existiert in der Mischung noch als nicht-materielle „Erinnerung" oder – wie man in der Magie eher sagen würde – als Prägung der Lebenskraft dieser Mischung.

Durch dieses Mischen erreicht man, daß der Patient nicht mehr die physikalische Substanz einnimmt, sondern nur noch ihren Lebenskraftkörper. Das Schlucken eines homöopathischen Kügelchens ist somit ein magischer Vorgang.

Die Stärke der Mischung, also die Potenz, bestimmen, wie die Wirkung des Mittels ausfällt. Generell kann man sagen, daß niedrige Potenzen eher auf den Körper und hohe Potenzen eher auf die Psyche wirken.

Wenn man Traumreisen in verschiedene Potenzen desselben Mittels unternimmt, erscheinen bei den niedrigen Potenzen in den Bildern z.B. Maulwurfshügel und Pfützen, bei den mittleren Potenzen Hügel und Seen und bei den hohen Potenzen Berge und Meere. Die grundlegende Szenerie bleibt dieselbe, aber die Größe und die Intensität des Wahrgenommenen nimmt bei steigender Potenz zu.

Wenn man den Lebensbaum als Orientierung nimmt, entspricht die Potenz C30 in etwa Yesod, C200 Tiphareth und C1000 Da'ath. Im Zweifelsfalle ist in der Magie also die C200-Potenz erst einmal eine gute Wahl, da sie auf den Kern der Sache wirkt, auf das Herzchakra (Seele im Herzchakra = Tiphareth).

Erforschen der Wirkung der Substanz

Eine Gruppe von Personen (meistens Homöopathie-Schüler) nimmt ein Mittel ein, von dem auch derjenige, der dieses Mittel verteilt, nicht weiß, was es ist.

Daraufhin notieren die Teilnehmer alle physischen, psychischen, sozialen, magischen und sonstigen Phänomene, die auftreten.

Anschließend werden diese Phänomene sortiert und zusammengefaßt und ergeben so eine Beschreibung der Wirkung des betreffenden Mittels.

Manchmal versuchen die Teilnehmer auch gemeinsam herauszufinden, um was für ein Mittel es sich handelt. Dies geht schrittweise vor sich: Ist es ein Mineral, eine Pflanze oder ein Tier? Falls das Mittel vor allem auf die Lebensstrukturen der Teilnehmer wirkt, sollte es mineralisch sein, wenn es auf die Haltung der Teilnehmer wirkt, pflanzlich, und wenn auf ihre Handlungen wirkt, tierisch. Auf diese Weise kann man schrittweise vorgehen, bis man z.B. schließlich erkannt hat, daß es sich bei der Substanz, aus der das betreffende Heilmittel hergestellt worden ist, z.B. um eine Gänseart handeln muß. Diese Analyse der Wirkung ist natürlich nur dann möglich, wenn die Teilnehmer schon einige Erfahrung mit der Homöopathie haben.

Anwendung der Substanz

Wenn ein Patient wegen einer Krankheit zu einem Homöopathen kommt, wird der Homöopath sich die gesamten Symptome und das gesamte Verhalten des Patienten anschauen. Wenn der Patient immer wieder auf derselben Struktur beharrt, braucht er ein mineralisches Mittel; wenn er immer wieder dieselbe Geste (Haltung) macht, braucht er ein pflanzliches Mittel; wenn der Patient emotional und heftig reagiert, braucht er ein tierisches Mittel.

Der Homöopath sucht nun nach dieser ersten Einordnung der Verfassung des Patienten nach dem Mittel, dessen Symptome mit denen des Patienten am besten übereinstimmen. Dieses Mittel erhält der Patient dann.

Nun kann man sich natürlich fragen, was solch ein Lebenskraft-Heilmittel in der Magie zu suchen hat. Da diese Heilmittel schon einmal auf der Lebenskraft-Ebene wirken und Magie eben auf dieser Ebene stattfindet, hat man in den homöopathischen Mitteln schon einmal ca. 3000 verschiedene Mittel in einigen Dutzend verschiedenen Potenzen. Diese Tröpfchen und Kügelchen ermöglichen es in einem Ritual o.ä. also, Lebenskraft in sehr präziser Weise in die Hand zu nehmen und etwas damit zu tun.

Diese Möglichkeiten werden in der Magie bisher – wie gesagt – allerdings noch kaum angewendet.

Ich selber habe z.B. einmal in einem Haus, in dem ein riesiger Tank mit Heizöl stand, „Lycopodium C200“ benutzt, um die heftige Ausstrahlung dieses Tanks aufzulösen. Lycopodium ist eine kleine Pflanze, die heute am Waldrand wächst: Bärlapp.

Vor 330 Millionen Jahren gehörte ein sehr großer Teil aller Pflanzen auf der Erde zu den Bärlapp-Gewächsen. Aus ihnen sind die Steinkohle, die Braunkohle, das Erdöl und das Erdgas entstanden. Daher ist der Lycopodium-Elf sozusagen auch der „Herr des Erdöls“.

Indem ich innerlich mit dem Lycopodium-Elf gesprochen und dabei die „Lycopodium C200“-Tropfen rings um den Öltank versprenkelt habe, habe ich die intensive Ausstrahlung dieses Tanks auflösen können, sodaß sich anschließend in dem Haus alle deutlich wohler gefühlt haben.

Bei der Herstellung eines Spiritus familiaris nach dem Rezept von Bardon formt man aus einem Gemisch aus Bienenwachs und gelbem Lehm, die man zusammen aufkocht, eine Figur und füllt eine Höhlung in seinem Inneren mit einem Kamille-Absud (sehr starker Tee, fast Brei), dem man das homöopathische Mittel „Aurum chloratum“ beigibt – ich habe die Potenz C200 verwendet.

Hier dient das homöopathische Mittel dazu, der Wachs/Lehm-Figur einen Lebenskraftkörper zu geben.

Generell kann man die homöopathischen Mittel zur Prägung eines Raumes benutzen oder auch als Beimischung im Weihwasser zur Unterstützung eines Rituals. Man kann sie auch zum Einreiben und dadurch zum Weihen eines magischen Gegenstands verwenden – der Phantasie sind hier kaum Grenzen gesetzt.

Man sollte jedoch bedenken, daß es in diesem Bereich der Magie bisher (meines Wissens) kaum Erfahrungen gibt – zumindestens keine, die in einem Buch veröffentlicht und allgemein zugänglich sind.

Eine Mischung aus Experimentier-Mut und Vorsicht ist also durchaus angebracht.

IV Kristallwasser

Das Kristallwasser ist sozusagen ein „Soft-Zaubertrank“. Er wird hergestellt, in dem man mindestens einige Stunden lang Kristalle in eine Karaffe mit Wasser legt. Die Veränderung ist schon erstaunlich – das Wasser schmeckt anschließend anders und in manchen Fällen trinkt man auch deutlich mehr von diesem Kristallwasser als man von unbehandeltem Wasser trinken würde. Ob dieses Kristallwasser eine weitergehende Wirkung hat, ist eher ungewiß. Man könnte vermuten, daß es die Qualitäten der in ihm liegenden Kristalle annimmt.

Bei dem Kristallwasser muß es sich wie bei den homöopathischen Mitteln um eine Lebenskraft-Prägung handeln, da die Steine nichts oder kaum etwas von ihrer Substanz an das Wasser abgeben.

Die üblichen Steine für dieses Verfahren sind Silikate, also Bergkristall, Rosenquarz, Amethyst u.ä. Es wäre durchaus interessant, auch Kristallwasser mit anderen Steinen herzustellen und zu trinken – hier gibt es noch eine weites Experimentierfeld.

So wäre z.B. die Apatschenträne (Rauchobsidian) ein guter Kandidat für solch ein Experiment, da es sich bei ihm um einen Tropfen Lava handelt, der direkt ins Meer gefallen und daher „schockgefroren“ ist. Die Apatschenträne ist der ursprünglichste aller Steine, der die Lava, aus der letztlich alle Steine entstanden sind, am wenigsten verändert hat. Daher rufen Apatschentränen in einem das wach, was man ursprünglich einmal gewollt hat.

Ein anderer interessanter Kandidat wäre der Feueropal. Er entsteht in eisenhaltigen Geysiren. Da Eisen zum Mars gehört und ein Geysir heiße aufsteigende Flüssigkeit ist, ist der Feueropal eine Analogie zu dem aufsteigenden Kundalini-Feuer.

Es wäre wünschenswert, wenn mit diesen Kristallwassern Doppelblindversuche durchgeführt werden würden. Das bedeutet, daß Person A die Kristallwasser herstellt und die Gläser mit ihnen nummeriert, daß Person B diese Gläser zu einer Gruppe von Probanden bringt, die dann von diesem Wasser trinken und ihre Eindrücke notieren.

Es gibt auch eine Methode der Wasserprägung, bei der man anstatt Kristalle in das Wasser zu legen, Symbole wie die „Blüte des Lebens“ unter das Glas mit dem Wasser legt.

Ich habe schon einige derartige „Wasser-Testungen“ durchgeführt – die Ergebnisse waren überzeugend: Man kann das „normale Wasser“ und das „geprägte Wasser“ leicht unterscheiden.

Die Anthroposophen haben noch ein weiteres Verfahren der Wasserprägung entwickelt, das dazu führt, daß das Wasser auch dann, wenn es längere Zeit offen in einer Karaffe steht, nicht „schal“ wird. Dabei wird das Wasser mithilfe spezieller Trichter und Röhren „verstrudelt“, also in bestimmte Fließmuster gebracht. Mit diesem Verfahren werden teilweise auch die anthroposophischen Kosmetika und Medikamente haltbar gemacht. Auch der Geschmack des Wassers verbessert sich durch dieses Verfahren deutlich.

Wie bei allen diesen Dingen sollte man nicht einfach glauben, daß ein Verfahren funktioniert, sondern es selber ausprobieren – nur das ist wirklich sicher.

V Kräutertränke

Es gibt einige Verfahren, die zwar nicht magisch sind, aber immerhin magisch-alchemistisch wirken und die Magie-Romantik anregen. Zumindestens läßt sich bei diesen Verfahren nicht klar sagen, welchen Anteil die Magie dabei hat, d.h. welche Rolle dabei Vorgänge in der Lebenskraft spielen.

Das vermutlich bekannteste derartige Verfahren ist das Legen von Johanniskraut in große, mit Sonnenblumenöl gefüllte Glasbehälter, die man dann einige Tage lang im Sonnenschein stehen läßt. Dadurch vergrößert sich die antidepressive Wirkung des Johanniskrauts. Symbolisch gesehen lädt sich das Johanniskraut-Öl mit Sonnen-Lebenskraft auf.

Interessant sind in diesem Zusammenhang auch die Aussaatkalender von Maria Thun. Diese astrologischen Empfehlungen für die günstigsten Aussaattermine sind ausgesprochen hilfreich. Hier in dem Dorf Alfter, in dem ich wohne, hat vor Jahrzehnten ein Bauer damit angefangen und weil er für alle offensichtlich bessere Ernten als seine Nachbarn hatte, haben diese ihn gefragt, wie er das macht. Schließlich haben wir in dem Bioladen, dessen Mitinhaber ich war, jedes Jahr 20 solche Kalender an die Bauern hier in der Gegend verkauft.

Man kann also auch durch die Berücksichtigung der astrologischen Planetenstände die Pflanzen, die man anbaut, und auch die Zaubertränke, die man dann aus ihnen braut, beeinflussen.

Am bekanntesten ist natürlich das Ernten von Pflanzen für Tees, Heiltränke, Zaubertränke u.a. an Vollmond, weil der Vollmond eine große Spannung (Sonne/Mond-Opposition) enthält, die sich dann auch in den Tees und Tränken wiederfindet und dadurch ihre Wirkung erhöht.

VI Blut

Ein ganz spezieller Zaubertrank bzw. eine ganz spezielle Zaubertrank-Zutat ist das Blut. Blut enthält viel Lebenskraft und es ist das älteste Symbol für das Leben: In der Altsteinzeit ist der rote Ocker, mit dem man sich selber eingerieben hat, ein Symbol für das Blut und somit für das Leben gewesen. Das Schminken mit roter Farbe hat sich durch die ganze Jungsteinzeit hindurch bis in das frühe Alte Ägypten hinein erhalten können.

Das Blut spielt sowohl im Kult als auch in der Magie eine große Rolle.

Im Kult sind dies die Tieropfer an die Ahnen und Götter. Die Lebenskraft des Blutes wurde in die Statuen der Götter und Ahnen „gesandt". In einigen Kulturen standen diese Blutopfer im Zentrum des Kultes wie z.B. bei den Germanen, deren Altäre durch das auf ihnen getrocknete Blut wie glasiert waren. Auch von den mittelamerikanischen Völkern – insbesondere von den Azteken – sind nicht nur Tiere, sondern auch Menschen geopfert worden. Mit diesen Opfern glaubte man den Lauf der Welt aufrecht zu erhalten.

In der Magie werden bei der Herstellung eines Spiritus familiaris dem bereits erwähnten Kamille-Absud nicht nur ein paar Tropfen homöopathisches Aurum chloratum, sondern auch noch einige Tropfen des eigenen Blutes beigefügt.

In der Schwarzen Magie wird gerne mithilfe von Menstruationsblut oder Sperma eine Lebenskraft-Verbindung zu einem Opfer hergestellt – insbesondere bei Liebeszaubern.

In den meisten Fällen ist das Blut jedoch eine Quelle für Lebenskraft. Das Blut eines getöteten Tieres hält die Lebenskraft nicht mehr fest (da das Tier tot ist), sondern läßt sie los, sodaß diese Lebenskraft von einem Magier oder einer Hexe dorthin gelenkt werden kann, wo sie gerade gebraucht wird.

Man sollte bei dem Blutopfer, das einstmals mehr oder weniger weltweit verbreitet gewesen ist, bedenken, daß für die Menschen früher das Schlachten von Tieren etwas ganz Normales gewesen ist, was so gut wie jeder kannte und was viele auch selber durchgeführt haben.

Insofern ist das Opfern eines Tieres an eine Gottheit nichts anderes als das Schlachten für eine Gottheit. Lediglich der Umgang mit der dabei freiwerdenden Lebenskraft ist anders.

VII Drogen

Drogen sind natürlich ein sehr weites Thema. Drogen haben sehr unterschiedliche Wirkungen und die Kombination von verschiedenen Drogen ist eine Wissenschaft für sich.

Über die Frage, ob Drogen einfach nur biologisch-medizinisch wirken oder ob ihre Wirkung auch eine magische Seite hat, kann man lange streiten.

Interessant ist, daß alle bekannten Wirkungen von Drogen auch durch die passenden Meditationen, Traumreisen und ähnliche Übungen erlangt werden können. Zumindestens in diesem Punkt gibt es einen Zusammenhang zwischen Drogen und Magie. (Siehe dazu bei Bedarf mein Buch „Drogen-Kabbala für Anfänger".)

In vielen Kulten wurden Drogen dafür verwendet, um den Zugang zu magisch-spirituellen Erlebnissen zu erleichtern. Man findet Drogen in den mittelalterlichen Hexensalben, in dem Ayahusaca-Kult in Südamerika, in dem altindischen Soma-Trank, in dem Odin-Kultgetränk in Nordeuropa und in vielen anderen Zusammenhängen.

Es gibt viele Gelegenheiten, bei denen jemand „einen im Tee hat" – ob man diesen „Tee" deshalb immer zu den Zaubertränken rechnen soll, ist fraglich.

Es ist auch interessant (und eigentlich auch zu erwarten), daß die Wirkungen von Drogen, die man einnimmt, mit den Erlebnissen auf Traumreisen zu der betreffenden Drogen-Pflanze übereinstimmen.

VIII Alchemie und Spagyrik

Mit Alchemie und Spagyrik habe ich keine eigenen Erfahrungen, weshalb ich hier nichts wirklich gut Abgesichertes sagen kann.

In seinem Buch „Gold of a thousend mornings“ beschreibt Armand Barbault, daß er mit einigen seiner Experimente erfolgreich gewesen ist und u.a. eine sehr wirksame Medizin entwickelt hat, die auch mit Erfolg von wissenschaftlicher Seite getestet worden ist, die jedoch nicht industriell hergestellt werden konnte, weil sie u.a. Goldstaub enthielt und weil ihre Herstellung mehrere Jahre dauert – das ist einfach zu teuer und zu aufwendig gewesen.

Die Herstellung des Lebenselixiers ist recht sicher illusorisch, da es sich bei diesem Elixier – wie bereits in diesem Buch dargestellt – um den Versuch handelt, einen mythologisch-magischen Trank auf chemisch-pharmazeutisch-magische Weise, also mithilfe der Alchemie herzustellen.

Ein Grundprinzip der Alchemie ist die Vorstellung, daß die Welt aus zwei verschiedenen Elementen besteht, die „sulphur“ (Schwefel) und „mercurius“ (Quecksilber) genannt werden. Die Wirksamkeit eines alchemistischen Trankes wird dadurch erreicht, daß sulphur und mercurius wieder ihr ursprüngliches Mischungsverhältnis und somit auch ihren vollkommenen und heilen Zustand erreichen. Dieses sulphur und mercurius entspricht dem chinesischen Yin und Yang oder dem germanischen Feuer und Eis. Ähnliche Urgegensätze gibt es in vielen Mythologien – oft sind es auch Himmel und Erde oder Erde und Wasser. Diese beiden Urgegensätze sind ursprünglich Diesseits (Yang, Erde, Feuer) und Jenseits (Yin, Himmel, Eis) gewesen.

Als praktische Anleitung ergibt sich daraus, daß man in der Alchemie eine Harmonie wiederherstellt (Stein der Weisen, Lebenselixier, Quintessenz, Tao), und nicht einen neuen Zustand. Dies kann man bei der Zaubertrank-Herstellung berücksichtigen, indem man die Herstellung an den astrologischen Konstellationen orientiert.

Die Spagyrik ist ein Methode der Heilmittel-Herstellung, die sich an der Alchemie orientiert und die vor allem durch Paracelsus bekannt geworden ist. Sie wird heute in der Regel nicht klar von der Alchemie unterschieden.

„Spagyrik“ ist griechisch und bedeutet „trennen und vereinigen“ und ist somit mit dem bekannten lateinischen Alchemie-Grundsatz „solve et coagula“ identisch. Mit diesem Prinzip ist gemeint, daß die behandelten Stoffe erst voneinander getrennt und dann wieder vermischt werden. Dadurch soll in der Spagyrik die Wirkung eines Mittels erhöht werden.

Das Trennen kann durch vier verschiedene Methoden geschehen:

- Destillieren (Flüssigkeiten mit verschiedenem Siedepunkt durch Erhitzen trennen),
- Mazeration (eine Substanz zerkleinern und in einem Lösungsmittel wie Wasser, Öl oder Alkohol einlegen),
- Fäulnis/Gärung (mikrobieller Abbau organischer Stoffe), und
- Kalzinierung (Pulverisierung plus Erhitzen/Rösten/Veraschen).

Die dabei entstehenden festen, flüssigen und gasförmigen Substanzen werden anschließend wieder miteinander verbunden, d.h. gemischt.

Man kann auch die Herstellung von homöopathischen Heilmitteln zu der Spagyrik zählen, wobei in diesem Fall das „trennen und vereinen" sehr stark vereinfacht worden ist und nur noch aus dem Mischen der Ausgangssubstanz mit Milchzucker o.ä. besteht.

Durch die Spagyrik soll die Lebenskraft in dem Mittel konzentriert werden – durch die Homöopathie soll die Lebenskraft von der Ausgangssubstanz abgetrennt und auf den Milchzucker übertragen werden.

IX Berühmte Zaubertränke

In der heute weiteren Kreisen bekannten Literatur gibt es drei Zaubertränke, die recht verschiedene Wirkungen haben.

Dies ist zum einen der „Stärke-Trank“ in den Comics über Asterix und Obelix. Er wird von dem Druiden Miraculix hergestellt. Seine Wirkung ist die sehr große Steigerung der Kraft dessen, der ihn trinkt.

Dieser Trank ist anscheinend durch Assoziationen zu den germanischen Berserkern und dem sehr ähnlichen Kampfekstase-Zustand bei den Kelten sowie durch den in beiden Kulturen wichtigen Wiedergeburts-Trank, der in einem Kessel gebraut wurde, inspiriert worden.

Es werden zwar einige Zutaten erwähnt, die jedoch abgesehen von der Mistel frei erfunden sind. Die Mistel ist zur Zeit der Kelten und Germanen wie der ebenfalls immergrüne Efeu im Mittelmeerraum ein Symbol der Wiedergeburt und der Mysterien gewesen.

Der zweite gut bekannte Trank ist der Wiedergeburtstrank des Voldemort in „Harry Potter und der Feuerkelch“. Er ist an die gruseligeren Vorstellungen über die Zaubertränke der Hexen angelehnt, die Morde, Blutopfer und ähnliches enthalten.

Die Herstellung dieses Trankes ist mit Zaubersprüchen verbunden. Dies ist eine weitverbreitete Tradition, die man von den „wahren Geschichten“ bei dem Zubereiten des Jenseits-Trankes in der keltischen Sage des Königs Cormac McArt bis hin zu den Worten „hunc est corpus …“ in der christlichen Eucharistie findet.

Der dritte Trank stammt aus „Harry Potter und der Halbblutprinz“ und heißt „Felix felices“, d.h. „der Glückliche“. Dieser Trank hat die Wirkung, daß er die Intuition auf eine Weise klärt, daß man stets genau das Richtige tut – so verrückt das, was man dann tut, auch auf den ersten Blick erscheinen mag.

Man kann diesen Trank auch rein imaginativ trinken – er hat eine deutliche Wirkung. Das habe ich bei mir selber und auch schon in Beratungen für andere mit großem Erfolg ausprobiert. (In dem Roman sagt auch schon Ron zu Hermione, daß die Vorstellung, den Trank zu trinken, genauso wirksam ist, wie ihn tatsächlich zu trinken – das kann ich nur bestätigen.)

„Felix felices“ wird von J.K. Rowling als ein goldener Trank beschrieben, aus dem Tropfen emporhüpfen, aber niemals neben das Gefäß fallen, in dem sich der Trank befindet – eine anschauliches Bild für die sichere Intuition …

Dieser Zaubertrank geht auf die Glückstränke oder Glücksspeisen in den germanischen Sagen zurück.

X Traditionelle Zaubertrank-Rezepte

In der alten Literatur sind hauptsächlich sechs Arten von Zaubertränken zu finden:

- der Liebestrank,
- der Vergessenstrank,
- der Weisheitstrank bzw. die Weisheitsspeise,
- der Glückstrank bzw. die Glücksspeise,
- der Stärketrank, und
- der Rasereitrank.

Das Urbild für den Liebestrank ist die Milch der Muttergöttin im Jenseits, da dem Trinken dieses Wiederstillen-Tranks die Wiederzeugung und die Wiedergeburt vorausgehen. Der Liebestrank bezieht sich auf die Vereinigung des Toten mit der Muttergöttin im Jenseits.

Das Vergessen, das durch den Vergessens-Trank bewirkt wird, ist ein Symbol für den Tod, bei dem man wie beim Schlaf alles vergißt. Dieser Trank taucht daher vor allem im Zusammenhang mit der Jenseitsreise auf.

Der Liebestrank und der Vergessenstrank haben also beide ihren Ursprung in dem im Kult verwendeten Trank der Göttin, der die Wiedergeburt gibt.

Der Weisheitstrank und der Glückstrank werden oft kaum unterschieden. Sowohl die Weisheit als auch das Glück in dem, was man tut, gehen auf die enge Verbindung zu der Jenseitsgöttin oder einer anderen Mysterien-Gottheit zurück, mit der man durch diesen Trank eng verbunden wird.

Der Weisheitstrank ist oft mit Schlangen assoziiert, da die Schlangen die Symbole der Ahnen im Jenseits sowie des Jenseitsweges sind. Diese Verbindung zum Jenseits ist die Quelle der Weisheit, die von den Ahnen und den Göttern kommt.

Zu dieser Gruppe von Tränken gehören u.a. auch das Lebenselixier der Alchemisten in Europa und Indien sowie der Abendmahlswein im christlichen Kult.

Auch der Stärketrank und der Rasereitrank sind weitgehend identisch. Sie beruhen auf einer Assoziation zwischen den Ekstasetechniken (Erwecken der Kundalini) und den Rauschzuständen, die durch einige Drogen bewirkt werden können. Das Erwecken der Kundalini ist wiederum eine meditative Methode, durch die eine Astralreise und der Kontakt zu den Ahnen und Göttern erlangt werden kann – sie stammt daher auch au dem Umfeld der Wiedergeburtsvorstellungen. Diese Erweckung der Kundalini in der meditativen Ekstase ist von den Germanen und Kelten zu einer Kampfekstase weiterentwickelt worden.

Der Stammbaum der Zaubertränke sieht also wie folgt aus:

<table>
<tr><th colspan="4">Stammbaum der traditionellen Zaubertränke</th></tr>
<tr><th>1. Stufe</th><th>2. Stufe</th><th>3. Stufe</th><th>4. Stufe</th></tr>
<tr><td rowspan="6">ritueller „Trank der Göttin“ im Kult, der die Symbolik der „Milch der Göttin“ und der Wiedergeburt hat</td><td rowspan="4">Wiederzeugung, Wiedergeburt und Wiederstillen durch die Jenseitsgöttin</td><td rowspan="2">Wiederzeugung und Wiederstillen</td><td>Liebestrank</td></tr>
<tr><td>Vergessenstrank</td></tr>
<tr><td rowspan="2">Kontakt zur Jenseitsgöttin als Inspirationsquelle</td><td>Weisheitstrank</td></tr>
<tr><td>Glückstrank</td></tr>
<tr><td rowspan="2">Jenseitsreise durch die Erweckung der Kundalini</td><td rowspan="2">Umwandlung der magisch-religiösen Ekstase in eine Kampfekstase</td><td>Stärketrank</td></tr>
<tr><td>Rasereitrank</td></tr>
</table>

Wenn man in der Literatur nach konkreten Zaubertrank-Rezepten sucht, wird man feststellen, daß es so gut wie keine solchen Rezepte gibt. Lediglich das Rezept für einen Vergessens-Trank ist aus der Nibelungen-Saga und einigen weiteren Quellen detailliert bekannt.

Dieser Mangel an konkreten Rezepten liegt vermutlich ganz einfach daran, daß das Urbild aller Zaubertränke eben die Milch der Jenseitsgöttin beim Wiederstillen der wiedergeborenen Toten ist. Und dieser Trank befindet sich leider schon per Definition im Jenseits …

Der „Trank des Vergessens“ läßt den, der ihn trinkt, wie der Name sagt, alle Dinge oder manchmal auch nur bestimmte Dinge vergessen.

Dieser Trank ist in den Mythen der Germanen im Besitz der Jenseitsgöttin Freya bzw. der Zauberin-Königin Kriemhild (Griemhild), die eine der Nachfolgerinnen der Freya in den Sagen ist. Freya erscheint in diesem Zusammenhang auch als die Walküre Gondul.

Im Folgenden werden nur die Zutaten in dem Zaubertrank-Rezept betrachtet. Die vollständige Betrachtung der mythologischen Zusammenhänge findet sich bei Bedarf in meinem Buch „Zaubertränke“ in der Reihe „Die Götter der Germanen“.

Das andere Gudrun-Lied

Gudrun:
„Grimhild brachte den Becher mir dar,
Den kalten, herben, daß ich Harms vergäße;
Hinein war gemischt die magische Kraft der Jörd,
Eiskalte See und Schweine-Blut.

In das Horn hatten sie alle Arten von Runen
Geritzt und gerötet; ich erriet sie nicht.
Einen Heide-Fisch aus der Haddinge Land,
Ungeschnittne Ähre und Eingeweide von Tieren.

Im Gebrauten beisammen war Bosheit viel,
Blüten von Bäumen und geröstete Eicheln,
Tau des Herdes und geweihte Eingeweide,
Schweinsleber, die den Schmerz betäubt."

Da vergaß ich, als sie mir den Trank reichten,
dort in meiner Halle, den Mord an meinem Gatten.

Ein Teil der Zaubertankzutaten aus diesem Rezept läßt sich aus den germanischen Mythen heraus erklären:

1. *„Schweinsleber", „Schweineblut"*

Es hat das Opfer eines Schweines gegeben, das normalerweise bei Bestattungen stattfand. Auch in Walhalla essen die toten Krieger das Fleisch des Ebers Sährimnir, der nach jeder Schlachtung neu entsteht, was eine Umdeutung der Wiedergeburtssymbolik ist.

2. *„Tiereingeweide", „geweihte Eingeweide"*

Tiereingeweide wurden zu Orakelzwecken benutzt. Diese Eingeweide könnten durchaus von den geopferten Schweinen gestammt haben.

Diese Zaubertrank-Zutat stammt wie die vorige aus dem Kult der Germanen.

3. *„ungeschnittene Ähren", „geröstete Eicheln", „Blüten von Bäumen"*

Die „ungeschnittenen Ähren" klingen nach einem Erntezauber, bei dem die Ähren des Getreides nicht verletzt, sondern nur ausgerupft werden durften.

Die „gerösteten Eicheln" könnten ein Nahrungsmittel sein – aus ihnen wurde Brei,

Kuchen und Eichelkaffee hergestellt.

Die „Blüten von Bäumen“ klingen nach einer symbolischen Zutat. Sind die Blüten bei den Germanen möglicherweise wie bei anderen Völkern auch als die wiedergeborenen Seelen am Weltenbaum aufgefaßt worden?

4. *„Heide-Fisch aus dem Land der Haddinge“*

Ein „Heide-Fisch“ ist eine Schlange. Die Haddinge waren wie die Nibelungen ein mythisches Volk, das auf die Toten im Jenseits zurückgeht – die Toten sind die „langhaarigen Nifelheim-Leute“ („Haddinge“ = Langhaarige; „Nibelungen“ = „Nebel-Leute“; „Nifelheim“ = Nebelheim = Unterwelt).

Der „Heide-Fisch aus dem Land der Haddinge“ ist somit ein Totengeist in der Gestalt einer Schlange oder eines Drachen, der in einem Hügelgrab wohnt.

Der Trank ist also mit dem Jenseits assoziiert worden.

5. *„Tau des Herdes“*

Der „Tau des Herdes“ ist die Asche. Dieser Rückstand eines Brandes könnte sich auf das Bestattungsfeuer beziehen, aber auch allgemein als Symbol des Todes („totes und zerstörtes Holz“) aufgefaßt worden sein.

Die Asche gehört daher vermutlich ebenfalls zum Jenseits.

6. *„eiskalte See“*

Vermutlich ist hier nicht das „eiskalt“, sondern das Wasser des Meeres das Wesentliche – vielleicht war die Kraft des Meeres ein Bestandteil des Zaubertrankes. Auch eine Assoziation zu der Wasserunterweltsgöttin Ran ist denkbar.

7. *„magische Kraft der Jörd“*

Zu der Kraft des Meeres kommt nun noch die Kraft der Erdgöttin bzw. der Erde hinzu. Es wäre auch Assoziation zu der Hügelgrab-Jenseitsgöttin Hel denkbar.

8. *„herb und kalt“*

Das Herbe in diesem Trank könnte von den gerösteten Eicheln stammen und das Kalte von dem Meerwasser – aber diese Geschmacks-Beschreibung könnte auch einfach von Bier inspiriert worden sein.

9. *„in das Trinkhorn geritzte und mit Blut gerötete Runen“*

Die Runen werden der Verstärkung der Zauberkraft, die sich aus den Zutaten des Trankes ergab, gedient haben.

10. *„den Schmerz betäubende Zutaten", „Vergessen", „Bosheit in den Zutaten"*

Die Wirkung des Zaubertrankes wird hier recht genau als Schmerz-Betäubungsmittel angegeben, wobei das „Vergessen" zeigt, daß es sich hier eher um eine Art magisches Psychopharmaka als um eine Mittel gegen körperliche Schmerzen handelt.

Die „Bosheit", die in den Zutaten liegt, ist vermutlich eine spätere Umdeutung der magischen Kraft in dem Zaubertrank.

Völsungen-Saga

In dieser Saga findet sich dasselbe Zaubertrank-Rezept:

Sie wählten gerne Geschenke für ihre Schwester aus und sprachen sanft zu ihr, aber sie glaubte nichts davon.

Da reichte ihr Gunnar einen Trunk, den sie trinken mußte, in den giftige Dinge gemischt worden waren. Und danach hatte sie keine Erinnerung mehr an die Dinge, die der König ihr angetan hatte.

In diesen Trank war die Macht der Erde und des Meeres mit dem Blut ihres Sohnes vermischt worden. Und in das Trinkhorn waren alle Runen geritzt und mit Blut gerötet worden, so wie es hier gesagt wird:

„Hinein war gemischt die magische Kraft der Jörd,
Eiskalte See und Schweine-Blut.

In das Horn hatten sie alle Arten von Runen
Geritzt und gerötet; ich erriet sie nicht.
Einen Heide-Fisch aus der Haddinge Land,
Ungeschnittne Ähre und Eingeweide von Tieren.

Im Gebrauten beisammen war Bosheit viel,
Blüten von Bäumen und geröstete Eicheln,
Tau des Herdes und geweihte Eingeweide,
Schweinsleber, die den Schmerz betäubt."

Hyndla-Lied

Es ist auffällig, daß drei dieser Zutaten auch bei der Beschreibung der Geburt des Heimdall im „Hyndla-Lied“ auftreten:

Einer wurde geboren / in vergangenen Tagen,
Einer von dem Stamm der Götter, / – Groß war seine Macht! –
Neun Riesinnen / am Rand der Erde
Gebaren den Mann, / der so Waffen-mächtig war.

Dort gebar ihn Gjalp, / dort gebar ihn Greip,
Eistla gebar ihn, / und Eyrgjafa,
Ulfrun gebar ihn, / und Angeyja,
Imth und Atla, / und Jarnsaxa.

Stark wurde er / durch die Stärke der Jörd,
durch die eiskalte See / und durch das Blut der Schweine.

Einer wurde dort geboren, / der Beste von allen,
Und stark wurde er / durch die Stärke der Jörd;
Der Stolzeste wird er genannt, / dieser Verwandte der Menschen,
von allen Herrschern / in der ganzen Welt.

Heimdall ist eine Weiterentwicklung des ehemaligen Sonnengott-Göttervaters Tyr. Er wird am Morgen aus der Erde oder aus dem Meer wiedergeboren und ihm wurden anscheinend Schweine geopfert – vermutlich Eber.

Die neun Riesinnen sind die Jenseitsgöttin – die „9“ war bei den Germanen nicht nur eine Zahl, sondern auch ein Adjektiv mit der Bedeutung „zum Jenseits gehörend“.

Es läßt sich deutlich erkennen, daß der Vergessenstrank eine starke Wurzel in den alten Sonnenaufgangs-Ritualen gehabt hat, die sich auf Tyr (Heimdall) bezogen haben. Tyr ist auch der Schwertgott (*„Waffen-mächtig“*) und der Göttervater und Königsgott (*„der stolzeste aller Herrscher“*) gewesen.

Deutung der Zutaten

Die Herkunft der Zaubertrank-Zutaten läßt sich nun zumindestens teilweise rekonstruieren:

- Die „eiskalte See“ und die „magische Kraft der Jörd“ beziehen sich auf die neun Mütter des Tyr-Heimdall, also auf die am Morgen wiedergeborene Sonne.
- Die Schweinsleber und das Schweineblut stammen aus dem Opferritual, das wahrscheinlich auch für den Sonnengott-Göttervater Tyr (und später Heimdall) durchgeführt worden ist.
- Die „geweihten Eingeweide“ stammen sehr wahrscheinlich aus den Eingeweide-Orakeln, die mit den Opferungen der Tiere in Zusammenhang gestanden haben.
- Der „Heide-Fisch der Haddinge“, also der Totengeist in der Gestalt einer Schlange oder eines Drachen, könnte ebenfalls Tyr-Heimdall sein.
- Die „Asche“ ist evtl. der Überrest eines Bestattungsfeuers.
- Die „ungeschnittenen Ähren“ könnten aus einem Korn-Ritual stammen, bei dem auch das Korn im Winter in die Unterwelt gereist ist – was durch die von Loki abgeschnittenen goldenen Haare (= reifes Getreide) der Getreidegöttin Sif symbolisiert wird.

Dieser Vergessenstrank stammt somit mit recht großer Wahrscheinlichkeit aus dem Sonnenaufgangs-Ritual des Tyr-Heimdall sowie aus den Bestattungsbräuchen.

Das Vergessen entspricht somit in etwa der „Bewußtlosigkeit“ der Toten und evtl. auch der Schlafenden.

XI Neue Zaubertrank-Rezepte

Nachdem nun in den vorigen Kapiteln verschiedene Aspekte von Zaubertränken betrachtet worden sind, kann man nun auch etwas experimenteller werden und schauen, wie man möglichst wirksame Zaubertränke herstellen könnte.

Für die folgenden Entwürfe für Zaubertrank-Rezept habe ich neben den Informationen aus den vorigen Kapiteln noch vier weitere Quellen verwendet, die dem Brauen von Zaubertränken eng verwandt sind. Dies sind:

- Ich habe mehrfach magische Gegenstände geschmiedet und dabei die verschiedensten Hilfsmittel verwendet, die man genauso auch auf das Herstellen von Zaubertränken anwenden kann.

- Ich kenne eine Firma, die vor ca. 35 Jahren Planeten-Öle auf eine ähnliche Weise hergestellt hat, wie ich sie beim Goldschmieden angewendet habe.

- Auch die Herstellung eines Spiritus familiaris folgt ähnlichen Prinzipien. (Siehe bei Bedarf mein Buch „Magische Gegenstände für Anfänger".)

- Schließlich finden sich einige dieser Vorgehensweisen auch in manchen mehrteiligen Einweihungs-Ritualen, die eine logische Folge bilden. Ein Beispiel dafür sind die Einweihungs-Rituale des Golden Dawn.

Die im Folgenden aufgeführten Methoden zur Herstellung eines Zaubertranks beruhen alle auf der Prägung der Lebenskraft des jeweiligen Zaubertranks. Daher stellt sich die Frage, welchen Grad an Eigenständigkeit man der Lebenskraft in diesem Trank geben will.

Ein Talisman ist in der Regel einfach ein Symbol, in dem etwas mehr Lebenskraft als in den meisten anderen Gegenständen ist. Ein Spiritus familiaris (Imagospurius, Psychogon) kann hingegen weitgehend eigenständig werden. Hier gibt es sehr wahrscheinlich keine klare Abgrenzung, sondern nur einen allmählichen Übergang. Trotzdem sollte man sich diesen Unterschied deutlich machen bevor man einen Zaubertrank braut.

Die drei Elemente, die die Lebenskraft in einem Zaubertrank weitgehend eigenständig werden lassen können, sind:

- Das erste Element ist das Beimischen von eigenem Blut, da dadurch eine enge Verbindung von einem selber zu dem Trank entsteht. Der Trank kann dadurch mit der Zeit zu einem abgespaltenen Teil der eigenen Psyche und daher auch des eigenen Lebenskraftkörpers werden.

- Das zweite Element ist das Geben eines Namens, das evtl. noch mit einer Art Taufritual verbunden ist. Dadurch definiert man den Zaubertrank als eigenständiges Wesen.

- Das dritte Element ist dem zweiten recht ähnlich: Wenn man sich in dem, was man tut und sagt, des öfteren auf diesen Trank bezieht, wird er nach und nach eine Eigenständigkeit erhalten – einfach, weil er ein Bezugspunkt für Worte und Taten geworden ist.

Es scheint generell ratsam zu sein, einen solchen Trank erst dann zu verselbständigen, wenn man ihn getestet und erforscht und für gut befunden hat. Diese Tränke, ihr Charakter und ihre Wirkung sollten zudem möglichst klar definiert sein.

Erst dann sollte man dem Zaubertrank einen Namen geben und ihn auch als eigenständiges Lebenskraft-Lebewesen ansehen. Dann können sie ein „kleiner Bruder" der traditionellen Zaubertränke werden, die zu Gottheiten personifiziert worden sind wie Kwasir, Soma, Haoma u.ä.

Ein solcher „eigenständiger Zaubertrank" bzw. „Imagospurius-Zaubertrank", der jedoch nie in physischer Form hergestellt worden ist, ist „Felix felices" aus den „Harry Potter"-Romanen. Genau genommen ist er ein unabsichtlich erschaffener Imagospurius, der durch die Vorstellung der über 60 Millionen Menschen entstanden ist, die dieses Buch gelesen haben. Er existiert weder in physischer Form noch ist er gezielt als Imagospurius erschaffen worden, aber das Motiv dieses Trankes ist trotzdem so kraftvoll geworden, daß man es in der Magie als „wirksames Lebenskraft-Bild" nutzen kann.

Eine ähnliche Überlegung zu magischen Gegenständen und Substanzen wie hier stellt auch „Ollivander" in dem ersten Band der „Harry Potter"-Reihe an: *„Der Zauberstab wählt den Zauberer."* Das bedeutet, daß auch diese Zauberstäbe eigenständig handelnde Wesen sind. Diese Qualität können auch andere Gegenstände erlangen, die unter Verwendung magischer Vorgehensweisen hergestellt worden sind – und dies gilt auch für Zaubertränke.

1. Allgemeines Vorgehen

Es gibt eine Reihe von Vorgehensweisen, die auf die Herstellung jedes Zaubertranks passen. Dies sind:

- Der Trank wird im Verlauf von ungefähr neun Monaten hergestellt. Diese Schwangerschafts- und Geburts-Symbolik fördert die Entstehung eines organischen Gebildes, d.h. die Integration der Zutaten zu diesem Trank.

- Der Trank wird so hergestellt, daß er ungefähr in der Julnacht (21.12. auf den 22.12.) fertig wird, da dies der Termin ist, an dem in so gut wie allen alten Mythen die Sonne wiedergeboren wird. Die Symbolik dieser Nacht liegt darin begründet, daß ab diesem Termin die Tage wieder länger werden.
  Auch die Christgeburt (Weihnachten) ist auf diesen Termin gelegt worden.

- Der Trank wird an zehn verschiedenen Tagen hergestellt, d.h. die neun Monate werden in neun Mondphasen unterteilt, die symbolisch mit der Zeugung beginnen und mit der Geburt enden.

- Diese zehn Tage werden in passender Weise ausgewählt. Bei einem Feuer-Trank sollten jedesmal möglichst viele Planeten in Feuerzeichen stehen; bei einem Mond-Trank sollten die Vollmonde ausgewählt werden; bei einem Merkur-Trank könnten z.B. die Mond/Merkur-Konjunktionen verwendet werden.

- Man sollte eine möglichst kraftvolle „Anrufung" schreiben, in der der Charakter des Trankes beschrieben wird, in der man die Geister u.ä. ruft, die man bei dem Brauen des Trankes verwendet (Planeten, Elemente, Tiere, Pflanzen, Steine usw.).
  Diese Anrufung sollte man jedesmal verwenden, wenn man den Trank weiterbraut und evtl. auch, wenn man ihn dann später verwendet.

- Man kann den Trank nach jedem Herstellungsschritt verwirbeln, um seine Inhaltsstoffe zu einer Einheit zu integrieren und ihn mit Lebenskraft aufzuladen und ihn zugleich haltbarer zu machen.
  Das einfachste Verfahren dazu sind zwei Flaschen und ein Trichter. Man füllt den Trank in die eine der beiden Flaschen, stellt die andere auf den Tisch und steckt den Trichter in die leere Flasche. Dann gießt man den Trank so in den Trichter, daß er einen Strudel bildet, der im Uhrzeigersinn kreist und dann

in die leer Flasche läuft. Evtl. sollte man das zuvor erst einmal nur mit Wasser ausprobieren.

Die Anzahl der Verwirbelungen kann man an dem Charakter des jeweiligen Tranks orientieren – dem Mars ist z.B. die Zahl „5“ zugeordnet.

- Man kann auf das Gefäß mit dem Trank ein Symbol für den Trank sowie seinen Namen schreiben.

- Man kann das Gefäß mit dem Trank, wenn sich dieser auf eines der vier Elemente bezieht, auf das entsprechenden Tarot-As legen.

- Man kann das Gefäß mit dem Trank, wenn es sich um einen Elemente-Trank oder einen Planeten-Trank handelt, z.B. vor die dazu passenden Tierkreiszeichen-Karten oder Tierkreiszeichen-Poster des Malers Johfra stellen. Bei einem Element wären dies die drei Tierkreiszeichen dieses Elementes, bei einem Planeten wären dies das Bild oder die beiden Bilder der Tierkreiszeichen, die zu dem betreffenden Planeten gehören.

- Das Gefäß für den Trank kann aus dem zu dem Trank gehörenden Metall gefertigt sein (z.B. Messing für Merkur) oder man kann ein Stück dieses Metalls in irgendeiner Form an diesem Gefäß befestigen – z.B. als Draht oder als Plakette.

Dabei sollte man natürlich darauf achten, daß das Kupfer (Grünspan-Bildung!) der Venus oder das Blei des Saturn giftig sind. Entweder kann man diesen Trank dann anschließend nicht trinken, sondern nur (wie Weihwasser) auf magische Gegenstände auftragen, oder man befestigt das betreffende Metall eben nur außen an dem Gefäß.

Es ist sicherer, ein Glasgefäß zu benutzen als ein Metallgefäß.

- Man den Trank evtl. nicht nur auf die Planeten, sondern auch auf die ihnen entsprechenden Chakren und Sephiroth (kabbalistischer Lebensbaum) beziehen.

- Man kann den Trank weiterhin als eine spezielle Version des Tranks der Jenseitsgöttin, also der Mich der Muttergöttin ansehen.

- Man kann in den Trank alle Dinge einfügen, die für einen selber assozitiv mit der angestrebten Qualität des Zaubertrankes verbunden sind. Das wird in vielen Fällen jedoch bedeuten, daß man den Trank vorsichtshalber nicht trinken, sondern ihn nur zum Weihen, Einreiben u.ä. verwenden sollte.

Alle diese Aspekte der Herstellung des Trankes können auch in dem zu dem Trank gehörenden Zauberspruch auftreten.

2. Der zeitliche Ablauf des Zaubertrank-Brauens

Als nächstes braucht man einen Plan, welchen Teil des Trank-Brauens man an welchem Tag durchführt. Das Folgende ist natürlich nur ein Vorschlag, der nach Bedarf abgeändert werden kann – auch wenn ich mich bemüht habe, dieses Rezept so schlüssig wie möglich zu entwerfen.

Die Folge der Handlungen orientiert sich an einem normalen Wachstumsprozeß – schließlich ist das Brauen des Trankes ein Gleichnis zu der Zeit zwischen Zeugung und Geburt.

1. Tag

Der Beginn des Zaubertrank-Brauens an diesem Tag ist symbolisch gesehen die Zeugung.

Das Gefäß für den Zaubertrank entspricht der Gebärmutter.

Das Lösungsmittel (Wasser, Öl, Glycerin, Alkohol o.ä.) in dem Gefäß, das man für das Brauen des Trankes verwendet, entspricht dem Fruchtwasser in der Gebärmutter.

Das bedeutet, daß nun der „Keim des Trankes" in dieses Lösungsmittel gelegt wird. Dies geschieht zunächst im Bereich der Lebenskraft. Dieser Keim kann z.B. ein kleines Stückchen des Metalls sein, daß dem ausgewählten Planeten zugeordnet ist. Dieser Keim wird in den in den Trank gelegt. Wenn man den Trank später auch trinken will und nicht nur wie Weihwasser ö.ä. verwenden will, sollte man ihn anschließend wieder herausnehmen. Da dies symbolisch gesehen eigentlich ein Widerspruch ist, ist es sinnvoller ein homöopathisches Kügelchen in den Trank zu legen, das aus dem betreffenden Metall hergestellt worden ist – also z.B. die Sonne ein „Aurum"-Globulus (Gold).

Nach dem Legen des Keims in das Lösungsmittel sollte man den entsprechenden Planeten, das entsprechende Element o.ä. anrufen. Dabei ist es hilfreich, das dazugehörende anrufende Planeten-Hexagramm oder Elemente-Pentagramm zu verwenden und dabei möglichst intensiv zu imaginieren, daß die Qualität des Planeten, Elementes usw. nun diesen Trank erfüllt.

Der Trank wird am Ende eine passende Anzahl oft im Uhrzeigersinn verwirbelt.

Das Gefäß mit dem Trank wird auf ein passendes (gemaltes) Symbol wie z.B. eines der Asse aus dem Tarot, die die Essenz der vier Elemente darstellen, gestellt.

Hinter dem Trank können passende Bilder gestellt werden, das Gefäß mit dem Trank kann in ein Tuch von der passenden Farbe gehüllt werden usw.

2. Tag

An diesem Tag unternimmt man eine Traumreise zu dem Planeten, Element usw. das die Essenz des Zaubertrankes ist. Man spricht dann z.B. mit dem Planeten, bittet um Hilfe und um Ratschläge für die Herstellung dieses Trankes usw.

Die Hinweise, die man auf dieser Traumreise erhält, baut man dann in das Brauen des Trankes ein – evtl. gestaltet man seinen ursprünglichen Plan des Brau-Vorganges auch noch einmal grundlegend um.

Wenn der Vorgang beendet ist, verwirbelt man den Trank.

3. Tag

Diesen Teil des Brauens kann man entweder daheim oder in seiner „Brauerei“ durchführen oder zu einem Vulkan fahren und diesen Teil auf dem Gipfel des Vulkans oder in seinem Krater durchführen. Evtl. kann man auch einen anderen Kraftort wählen, wenn das Aufsuchen eines Vulkans zu umständlich ist.

Dieser Teil des „Lebenskraft-Brauens“ hat zwei Teile: das Herausrufen des Feuers von unten aus der Erde und das Herabrufen des Lichtes von oben von der Sonne am Himmel.

Man stellt den Trank vor sich hin und stellt sich vor, daß ein feiner Lichtstrahl von dem Trank bis zu der Erdmitte hinabstrahlt – bis zu dem Wurzelchakra der Erde, also zu ihrem glühenden Eisen/Nickel-Kern. Von dort steigt dann als Antwort auf den feinen Lichtstrahl ein deutlich stärker Lichtstrahl empor, der oft die Gestalt eines Drachens annimmt. Dieser Lichtstrahl-Drache erfüllt dann den Trank mit Lebenskraft, die eine große Intensität annehmen kann.

Als nächstes imaginiert man einen feinen Lichtstrahl, der zu der Sonne am Himmel emporsteigt (es ist hilfreich, wenn es nur wenig bewölkt ist und man sehen kann, wo die Sonne steht). Die Sonne entspricht dem Scheitelchakra. Von ihr fließt Lebenskraft-Licht in den Trank herab. Dieser Vorgang wird in den indischen Upanishaden „die Himmelskuh melken“ genannt. Dieses Licht entspricht der Milch der Muttergöttin, die in den Mythen oft die Gestalt einer Kuh annimmt.

Wenn der Vorgang beendet ist, verwirbelt man den Trank wieder und läßt ihn dann erst einmal ganz zur Ruhe kommen, bevor man sich wieder auf den Heimweg macht.

4. Tag

In dem Trank wird ein homöopathisches Mittel aufgelöst, das ein Mineral (Stein) ist und möglichst präzise dem erwünschten Charakter des Zaubertrankes entspricht. Dieses Mittel sollte – sofern es keine Gründe für die Wahl einer anderen Potenz gibt – die Potenz C200 haben.

Wenn der Vorgang beendet ist, verwirbelt man den Trank.

5. Tag

An diesem Tag führt man denselben Vorgang mit dem entsprechenden pflanzlichen Mittel durch.

Wenn der Vorgang beendet ist, verwirbelt man den Trank.

6. Tag

An diesem Tag führt man denselben Vorgang mit dem entsprechenden tierischen Mittel durch.

Wenn der Vorgang beendet ist, verwirbelt man den Trank.

7. Tag

In den Trank wird ein Stein gelegt, der der Steinheilkunde zufolge dem angestrebten Charakter des Trankes am besten entspricht.

Wenn man auch die assoziative Methode der Prägung der Lebenskraft in dem Trank nutzen möchte, fügt man dem Trank nun auch alle Dinge hinzu, die man mit der angestrebten Qualität des Trankes assoziiert.

Wenn der Vorgang beendet ist, verwirbelt man den Trank.

8. Tag

Mittlerweile befinden sich schon etliche verschieden Zutaten in dem Zaubertrank. Daher folgt nun ein Vorgang der Integration.

Dazu sucht man eine Schwitzhütte auf oder einen Steinkreis, legt sich selber einen kleinen Kreis aus 12 Steinen in seinem Wohnzimmer, legt die zwölf Johfra-Tierkreiszeichen-Karten in seinem Tempel in einem Kreis aus, legt die vier Tarot-Asse in einem Kreis (entsprechend der Anordnung der Elemente im Kleinen Pentagramm-Ritual) in einem Kreis aus usw. Es wird an diesem Tag des Zaubertrank-Brauens ein Kreis gebraucht, der die Gesamtheit der Vielfalt darstellt – also ein

Mandala.

Nun bittet man nacheinander alle Elemente in diesem Kreis (die Tiere in der Schwitzhütte, die Tierkreiszeichen, die Elemente usw.) darum, das, was in dem Zaubertrank ist, zu heilen, zu fördern, zu segnen und zu stärken.

Die Heilung besteht möglicherweise aus einem „trennen und vereinen“ wie in der Alchemie und in der Spagyrik.

Diesen Teil des Brauens sollte man intuitiv angehen und nachspüren, was gebraucht wird. Evtl. kann man dabei auch innerlich (auf einer Traumreise) mit dem Planeten, dem Element o.ä., dessen Qualität der Trank erhalten soll, sprechen und sich Ratschläge holen.

Wenn der Vorgang beendet ist, verwirbelt man den Trank.

9. Tag

An diesem Tag stellt man die Verbindung des Trankes zu dem Planeten am Himmel, dem Element in der Natur o.ä. her.

Dies ist natürlich am einfachsten, wenn sich der Planet sichtbar am Tag- oder Nachthimmel befindet (was bei Mond, Sonne, Merkur und Venus recht einfach ist) – sonst muß man sich eben in die Richtung wenden, in der sich der Planet der Ephemeride (Planetenstands-Tabelle) zufolge gerade befindet.

Bei den vier Elementen könnte man ein Feuer entfachen, einen See aufsuchen, einen windigen Hügel oder eine Höhle.

Dann imaginiert man eine Silberschnur von dem Trank zu dem Planeten, Element usw. Dies ist ein Faden aus Lebenskraft, der milchigweiß („silbern“) leuchtet.

Auch hier ergeben sich evtl. wieder einige intuitive Handlungen.

Wenn der Vorgang beendet ist, verwirbelt man den Trank.

10. Tag

Dies ist der Tag, an den der Trank symbolisch geboren wird, d.h. fertiggestellt wird. Dafür wird zunächst noch einmal gesagt, was das Wesen des Trankes, ist, den Helfern bei dem Brauen (Planeten, Elemente o.ä.) gedankt und noch einmal die Anrufung, die man für diesen Zaubertrank verfaßt hat, gesprochen.

Wenn der Vorgang beendet ist, verwirbelt man den Trank.

Schließlich beendet man das Brauen des Zaubertranks mit einer Geste der Erdung wie z.B. dem Klopfen auf Holz, das Läuten eines kleiner Glocke, das Legen der Handflächen auf den Boden oder die Geste des Buddha Aksobhya, der mit der Spitze des rechten Mittelfingers die Erde berührt.

3. Die Zutaten der Zaubertränke

Im Folgenden finden sich Übersichten über die Zutaten der Zaubertränke, die passende Zeitpunkte für das Brauen, die Pentagramme und Hexagramme usw., die für die vier Elemente sowie für die sieben klassischen Planeten gebraucht werden.

Man sollte insbesondere die Wahl der drei homöopathischen Mittel (Mineral, Pflanze, Tier) sowie des Steins (Steinheilkunde) nicht einfach übernehmen, sondern selber schauen, was für den Trank, den man brauen will, am besten paßt.

Dasselbe gilt auch für die Anrufung, für die hier nur kurze Anregungen angegeben werden, die man selber so kürzen, erweitern und umschreiben sollte, daß sie wirklich zu einem selber und zu der eigenen Absicht passen.

Das gilt weiterhin auch für die Dinge, die man auf der Traumreise zu dem Planeten, Element o.ä. erlebt – auch diese Dinge sollten in das „Brau-Ritual" integriert werden.

Natürlich kann man auch etwas anderes als einen Planeten oder ein Element als Kern-Motiv für einen Zaubertrank nehmen, aber als Beispiele sind die sieben klassischen Planeten und die vier Elemente gut geeignet, da sie allgemein bekannt und zudem von ihrer Qualität her sehr verschieden sind.

Das bei dem Brauen des Zaubertranks verwendeten homöopathische Mineral-Kügelchen, Pflanzen-Kügelchen und Tier-Kügelchen sollte individuell ausgewählt werden, weil es hier keine wirklich präzisen Entsprechungen gibt, sondern nur Verwandtschaften.

In den folgenden Zaubertränken fehlen die Drogen in den Zutaten-Listen. Sie sind zwar ein weitverbreitetes Hilfsmittel in der Magie und können diesen Zaubertränken auch durchaus zugefügt werden, aber bei den meisten Zaubertränken ist es nicht einfach zu sagen, welche Droge welche Zaubertrank-Wirkung fördert.

Soll ein Mond-Trank entspannen? Soll er helfen, das Urvertrauen und die Geborgenheit wiederzufinden? Soll er es erleichtern, Visionen zu haben oder eine Astralreise verursachen? Drogen haben eine speziellere Wirkung als einfach „Mond". Manche Drogen wie z.B. Cannabis sind durchaus eng mit dem Mond verwandt, aber nicht bei jeder Anwendung eines Mond-Trankes wird die Wirkung von Cannabis erwünscht sein.

Daher sind Drogen eher eine Sonderfall-Zutat von Zaubertränken für spezielle Zwecke. In dieser Weise besteht z.B. die Hexensalbe, die primär für das Erzeugen von Astralreisen gedacht ist, aus eine ganze Reihe verschiedener psychoaktiver Substanzen, die sich gegenseitig ergänzen.

Da der Gebrauch vieler Drogen zudem illegal ist, ist die Verwendung von Drogen in Zaubertränken ein Thema, das man mit dem nötigen Fingerspitzengefühl behandeln sollte.

Weiterhin wirken Drogen vor allem auf den allgemeinen psychischen Zustand und auf das Bewußtsein, während die im Folgenden angeführten Zaubertränke allgemeiner wirken und z.B. auch die Lebensumstände verändern können und bei der Weihung von Talismanen o.ä. verwendet werden können.

Man sollte beachten, daß manche Zutaten giftig sein könnten!

Man sollte auch beachten, daß die homöopathischen Mittel eine Wirkung haben – und daß diese recht groß sein kann!

Es ist angebracht, sich über die Wirkung der verwendeten Zutaten in medizinischer, homöopathischer und steinheilkundlicher Hinsicht zu informieren, bevor man beschließt, sie als Bestandteil eines Zaubertrankes zu verwenden – schließlich soll der Zaubertrank nur in der angestrebten Weise wirken und keine großen Nebenwirkungen haben.

a) „Erde -Trank“

a) „Erde-Trank“ o.ä. sowie ein passendes Symbol (gelbes Quadrat; Dreieck mit Spitze nach unten und Querstrich) auf das Gefäß schreiben sowie eine Kette aus Tigerauge oder anderen Steinen drumherumhängen

b) Die zehn Tage könnten Tage sein, an denen der Mond und möglichst viele andere Planeten in einem Erdzeichen (Steinbock, Stier, Jungfrau) stehen. Diese Tage sollten ungefähr an Frühlingsanfang beginnen, einen Monat Abstand haben und dann in etwa in der Julnacht enden.

c) zwölf Verwirbelungen pro Tag, an dem man den Zaubertrank braut (es gibt keine Zahlen-Zuordnung zu den Elementen und die „12“ ist neutral, weil sie dem Tierkreis entspricht)

d) Feuer-Pentagramm: Das Pentagramm und das Stier-Symbol wird in die Luft „gezeichnet“ und imaginiert. Bei der Anrufung beginnt man oben in der Mitte und zieht das Pentagramm gegen den Uhrzeigersinn.

Beim „Zeichnen“ des Stier-Symbols singt man den Gottesnamen „Agla“.

Erd-Pentagramm

e) Keim des Trankes: Terra C200“-Kügelchen (Erde)

f) Stein entsprechend der Steinheilkunde: Ametrin; evtl. auch Citrin, Antimonit oder Serpentin

g) Tarot-Karte „Münz-As“ unter den Trank; Tierkreiszeichen-Karten (Steinbock, Stier, Jungfrau) o.ä. dahinter, Tuch in Erdfarben

h) Anrufung:

Erde – erfülle diesen Trank;
komm zu mir, hab Dank!
Bring die Felsen-Festigkeit zu mir,
Ich brauche Humus von Dir!

Laß den Trank gedeihen,
Ich bitte Dich, ihn zu weihen!
Gib ihm Wachstum und Wohlstand –
dafür bist Du weithin bekannt!

b) „Wasser-Trank“

a) „Wasser-Trank“ o.ä. sowie ein passendes Symbol (silberne Mondsichel; Dreieck mit Spitze nach unten) auf das Gefäß schreiben sowie evtl. eine Kette aus Aquamarinen oder anderen Steinen drumherumhängen

b) Die zehn Tage könnten Tage sein, an denen der Mond und möglichst viele andere Planeten in einem Wasserzeichen (Krebs, Skorpion, Fische) stehen. Diese Tage sollten ungefähr an Frühlingsanfang beginnen, einen Monat Abstand haben und dann in etwa in der Julnacht enden.

c) zwölf Verwirbelungen pro Tag, an dem man den Zaubertrank braut (es gibt keine Zahlen-Zuordnung zu den Elementen und die „12“ ist neutral, weil sie dem Tierkreis entspricht)

d) Wasser-Pentagramm: Das Pentagramm und das Skorpion-Symbol wird in die Luft „gezeichnet“ und imaginiert. Bei der Anrufung beginnt man oben links und zieht das Pentagramm im Uhrzeigersinn.

Wasser-Pentagramm

Beim „Zeichnen“ des Skorpion-Symbols singt man den Gottesnamen „Eheieh“.

e) Keim des Trankes: Aqua destillata C200 o.ä. (Wasser)

f) Stein entsprechend der Steinheilkunde: Achat oder Aquamarin; evtl. auch Apophyllit

g) Tarotkarte „Kelch-As“ unter den Trank; Tierkreiszeichen-Karten (Krebs, Skorpion, Fische) o.ä. dahinter, wasserfarbenes Tuch

h) Anrufung:

Wasser – erfülle diesen Trank;
komm zu mir, hab Dank!
Bring des Wassers Weichheit zu mir,
Ich brauche das Fließen von Dir!

Hilf ihm, alles zu fassen
und alles wieder loszulassen!
Komm mit Wogen und Wellen
aus Gischt und Regen und Quellen!

c) „Luft-Trank“

a) „Wind-Trank“ o.ä. sowie ein passendes Symbol (blaue Kreisfläche; Dreieck mit Spitze nach oben und Querstrich) auf das Gefäß schreiben sowie eine Kette aus Bergkristallen oder anderen Steinen drumherumhängen

b) Die zehn Tage könnten Tage sein, an denen der Mond und möglichst viele andere Planeten in einem Luftzeichen (Waage, Wassermann, Zwillinge) stehen. Diese Tage sollten ungefähr an Frühlingsanfang beginnen, einen Monat Abstand haben und dann in etwa in der Julnacht enden.

c) zwölf Verwirbelungen pro Tag, an dem man den Zaubertrank braut (es gibt keine Zahlen-Zuordnung zu den Elementen und die „12“ ist neutral, weil sie dem Tierkreis entspricht)

d) Luft-Pentagramm: Das Pentagramm und das Wassermann-Symbol wird in die Luft „gezeichnet“ und imaginiert. Bei der Anrufung beginnt man oben rechts und zieht das Pentagramm gegen den Uhrzeigersinn.

Beim „Zeichnen“ des Wassermann-Symbols singt man den Gottesnamen „Yod-he-Vau-He“.

Luft-Pentagramm

e) Keim des Trankes: Aer maritim arificialis C200 o.ä. (Luft)

f) Stein entsprechend der Steinheilkunde: Bergkristall; evtl. auch Apatit oder Aragonit

g) Tarot-Karte „Schwert-As“ unter den Trank; Tierkreiszeichen-Karten (Waage, Wassermann, Zwillinge) o.ä. dahinter, Luft- und Wolkenfarbenes Tuch

h) Anrufung:

Luft – erfülle diesen Trank;
komm zu mir, hab Dank!
Bring des Lüfte Leichtheit zu mir,
Ich brauche das Tanzen von Dir!

Komm als Sturm, als Hauch und Brise,
wehe über Turm und Strauch und Wiese!
Bring den Wandel, die Freude, das Neue,
zeig mir, was ich ersehne und was ich scheue!

d) „Feuer-Trank“

a) „Feuer-Trank“ o.ä. sowie ein passendes Symbol (rotes Dreieck mit der Spitze nach oben; Dreieck mit Spitze nach oben) auf das Gefäß schreiben sowie eine Kette aus Rubinen oder anderen Steinen drumherumhängen

b) Die zehn Tage könnten Tage sein, an denen der Mond und möglichst viele andere Planeten in einem Feuerzeichen (Widder, Löwe, Schütze) stehen. Diese Tage sollten ungefähr an Frühlingsanfang beginnen, einen Monat Abstand haben und dann in etwa in der Julnacht enden.

d) zwölf Verwirbelungen pro Tag, an dem man den Zaubertrank braut (es gibt keine Zahlen-Zuordnung zu den Elementen und die „12“ ist neutral, weil sie dem Tierkreis entspricht)

d) Feuer-Pentagramm: Das Pentagramm und das Löwe-Symbol wird in die Luft „gezeichnet“ und imaginiert. Bei der Anrufung beginnt man oben in der Mitte und zieht das Pentagramm im Uhrzeigersinn.

Beim „Zeichnen“ des Löwe-Symbols singt man den Gottesnamen „Adonai“.

Feuer-Pentagramm

e) Keim des Trankes: Ignis alcoholis C200 (Feuer)

f) Stein entsprechend der Steinheilkunde: Hämatit, Jaspis oder Obsidian; evtl. auch Feueropal, Rubin oder Tigerauge

g) Tarot-Karte „Stab-As“ unter den Trank; Tierkreiszeichen-Karten (Widder, Löwe, Schütze) o.ä. dahinter, rotes Tuch

h) Anrufung:

Feuer – erfülle diesen Trank;
komm zu mir, hab Dank!
Bring der Flammen Flackern zu mir,
Ich brauche das Glühen von Dir!

Komm als Lodern, als Brennen, als Wärme
als Leuchten der Sonne, als Strahlen der Sterne!
Schmelze das Harte, forme das Weiche –
Du bist die Kraft, die Schöpfergleiche!

e) „Mond-Trank“

a) „Mond-Trank“ o.ä. sowie das astrologische Mond-Symbol auf das Gefäß schreiben sowie evtl. eine Kette aus Opalen oder aus Silber drumherumhängen

b) Die zehn Tage sollten Vollmonde sein. Sie beginnen ungefähr an Frühlingsanfang und enden in etwa in der Julnacht.

c) neun Verwirbelungen pro Tag, an dem man den Zaubertrank braut

d) Mond-Hexagramm: Das Hexagramm und das Mond-Symbol wird in die Luft „gezeichnet“ und imaginiert. Bei der Anrufung beginnt man unten in der Mitte und zieht das untere Dreieck im Uhrzeigersinn („Schaddai“ singen); dann das obere Dreieck von der oberen Spitze aus im Uhrzeigersinn („el-Chai“ singen), dann das Symbol („Ararita“ singen).

Mond-Hexagramm

e) Keim des Trankes: Argentum metallicum C200 (Silber)

f) Stein entsprechend der Steinheilkunde: Chrysopras oder Mondstein; evtl. auch rosa Chalcedon, Kunzit, Magnesit, Morganit, Opal oder Rosenquarz

g) Mond-Symbol unter den Trank; Tierkreiszeichen-Karte (Krebs) o.ä. dahinter, hellgraues oder violettes Tuch

h) Anrufung:

Mond – erfülle diesen Trank;
komm zu mir, hab Dank!
Silberlicht, ich rufe Dich,
komm aus Yesod, erfreue mich!

Wurzelchakra-Lebenskraft,
Du bringst allem neunfach Saft!
Dein milchigweißes Leuchten
kann das Leere wieder beleben, befeuchten.

f) „Merkur-Trank“

a) „Merkur-Trank“ o.ä. und das astrologische Merkur-Symbol auf das Glasgefäß schreiben sowie evtl. eine Kette aus Messing drumherumhängen

b) Die zehn Tage sollten Tage sein, an denen der Mond eine Konjunktion mit dem Merkur bildet. Sie sollten ungefähr an Frühlingsanfang beginnen und in etwa in der Julnacht enden. Man kann auch die Vollmonde anstelle der Mond/Merkur-Konjunktionen benutzen – das erhöht die Spannung in dem Trank, aber vermindert seine Merkur-Qualitäten.

c) acht Verwirbelungen pro Tag, an dem man den Zaubertrank braut

Merkur-Hexagramm

d) Merkur-Hexagramm: Das Hexagramm und das Merkur-Symbol wird in die Luft „gezeichnet“ und imaginiert. Bei der Anrufung beginnt man links unten und zieht das untere Dreieck im Uhrzeigersinn („Yod-He-Vau-He“ singen); dann das obere Dreieck von oben rechts aus im Uhrzeigersinn („Elohim“ singen), dann das Symbol („Ararita“ singen).

e) Keim des Trankes: Mercurius vivus C200 (Quecksilber)

f) Stein entsprechend der Steinheilkunde: Bergkristall; evtl. auch blauer Chalcedon oder Prenit

g) Merkur-Symbol unter dem Trank; Tierkreiszeichen-Karten (Zwillinge, Jungfrau) o.ä. dahinter, oranges Tuch

h) Anrufung:

Merkur – erfülle diesen Trank;
komm zu mir, hab Dank!
Messing-Kelch voll Klarheit,
bring aus Hod die Wahrheit!

Stärke achtfach das Hara,
mache alles heller und klarer!
Löse die Rätsel, gib Antwort der Frage,
ende die Suche, beruhige die Klage!

g) „Venus-Trank“

a) „Venus-Trank“ o.ä. sowie das astrologische Venus-Symbol auf das Gefäß schreiben sowie eine Kette aus Kupfer drumherumhängen

b) Die zehn Tage sollten Tage sein, an denen der Mond eine Konjunktion mit der Venus bildet. Sie sollten ungefähr an Frühlingsanfang beginnen und in etwa in der Julnacht enden. Man kann auch die Vollmonde anstelle der Mond/Venus-Konjunktionen benutzen – das erhöht die Spannung in dem Trank, aber vermindert seine Venus-Qualitäten.

c) sieben Verwirbelungen pro Tag, an dem man den Zaubertrank braut

Venus-Hexagramm

d) Venus-Hexagramm: Das Hexagramm und das Venus-Symbol wird in die Luft „gezeichnet“ und imaginiert. Bei der Anrufung beginnt man unten rechts und zieht das untere Dreieck im Uhrzeigersinn („Yod-He-Vau-He“ singen); dann das obere Dreieck von links oben aus im Uhrzeigersinn („Tzabaoth“ singen), dann das Symbol („Ararita“ singen).

e) Keim des Trankes: Cuprum metallicum C200 (Kupfer)

f) Stein entsprechend der Steinheilkunde: Malachit; evtl. auch Amazonit, Azurit, Kupfer-Chalcedon oder Smaragd

g) Venus-Symbol unter dem Trank; Tierkreiszeichen-Karten (Stier, Waage) o.ä. dahinter, grünes Tuch

h) Anrufung:

Venus – erfülle diesen Trank;
komm zu mir, hab Dank!
Fülle diese Kupfer-Karaffe
daß ich Netzach-Schönheit erschaffe!

Strahle im Sonnengeflecht siebenfach,
begeist're alle – so wie Haniel sprach!
Bring Anmut und Lächeln und Lachen,
Ich bitte Dich, die Lebensfreude zu entfachen!

h) „Sonne-Trank“

a) „Sonnen-Trank“ o.ä. sowie das astrologische Sonnen-Symbol auf das Gefäß schreiben sowie eine Kette aus Gold drumherumhängen

b) Die zehn Tage sollten Neumonde (Sonne/Mond-Konjunktionen) sein. Sie sollten ungefähr an Frühlingsanfang beginnen und in etwa in der Julnacht enden.

c) sechs Verwirbelungen pro Tag, an dem man den Zaubertrank braut

d) Sonnen-Hexagramm: Das Hexagramm und das Sonnen-Symbol wird in die Luft „gezeichnet“ und imaginiert. Bei der Anrufung beginnt man oben in der Mitte und zieht das obere Dreieck im Uhrzeigersinn („Yod-He-Vau-He“ singen); dann das untere Dreieck von der unteren Spitze aus im Uhrzeigersinn („Eloha va-Da'ath“ singen), dann das Symbol („Ararita“ singen).

Sonnen-Hexagramm

e) Keim des Trankes: Aurum metallicum C200 (Gold)

f) Stein entsprechend der Steinheilkunde: Bernstein, Lapislazuli oder Sonnenstein; evtl. auch Aventurin, Biotit-Linse oder Citrin

g) Sonnen-Symbol unter dem Trank; Tierkreiszeichen-Karte (Löwe) o.ä. dahinter, goldgelbes Tuch

h) Anrufung:

Sonne – erfülle diesen Trank;
komm zu mir, hab Dank!
Laß ihn golden-warm erstrahlen,
befreie den Kern aus seinen Schalen!

Möge das Chakra des Herzens erwachen,
Mögest Du die Glut in Tiphareth entfachen!
Sechs Strahlen leuchten in Dir hervor,
Du öffnest dem Leben, der Liebe das Tor!

i) „Mars-Trank“

a) „Mars-Trank“ o.ä. sowie das astrologische Mars-Symbol auf das Gefäß schreiben sowie eine Kette aus Eisen drumherumhängen

b) Die zehn Tage sollten Tage sein, an denen der Mond eine Konjunktion mit dem Mars bildet. Sie sollten ungefähr an Frühlingsanfang beginnen und in etwa in der Julnacht enden. Man kann auch die Vollmonde anstelle der Mond/Mars-Konjunktionen benutzen – das erhöht die Spannung in dem Trank, aber vermindert seine Mars-Qualitäten.

c) fünf Verwirbelungen pro Tag, an dem man den Zaubertrank braut

d) Mars-Hexagramm: Das Hexagramm und das Mars-Symbol wird in die Luft „gezeichnet“ und imaginiert. Bei der Anrufung beginnt man oben links und zieht das obere Dreieck im Uhrzeigersinn („Elohim“ singen); dann das untere Dreieck von unten rechts aus im Uhrzeigersinn („Gibor“ singen), dann das Symbol („Ararita“ singen).

Mars-Hexagramm

e) Keim des Trankes: Ferrum metallicum (Eisen)

f) Stein entsprechend der Steinheilkunde: Hämatit, Jaspis, Obsidian oder Rubin; evtl. auch Baumachat, roter Chalcedon, Dumortierit, Karneol, Feueropal, Peridot, Thulit oder Tigerauge

g) Mars-Symbol unter dem Trank; Tierkreiszeichen-Karten (Widder, Skorpion) o.ä. dahinter, rotes Tuch

h) Anrufung:

Mars – erfülle diesen Trank;
komm zu mir, hab Dank!
Eisen-stark und Feuer-kühn,
soll das Rot von Geburah erblühn!

Im Chakra des Halses erklingt die Stimme,
fünfmal ruft sie von der Zinne,
verkündet das Ziel, ruft voller Kraft,
daß sie nun alles Gewollte erschafft!

j) „Jupiter-Trank“

a) „Jupiter-Trank“ o.ä. sowie das astrologische Jupiter-Symbol auf auf dem Gefäß sowie eine Kette aus Zinn drumherumhängen

b) Die zehn Tage sollten Tage sein, an denen der Mond eine Konjunktion mit der Jupiter bildet. Sie sollten ungefähr an Frühlingsanfang beginnen und in etwa in der Julnacht enden. Man kann auch die Vollmonde anstelle der Mond/Jupiter-Konjunktionen benutzen – das erhöht die Spannung in dem Trank, aber vermindert seine Jupiter-Qualitäten.

c) vier Verwirbelungen pro Tag, an dem man den Zaubertrank braut

d) Jupiter-Hexagramm: Das Hexagramm und das Jupiter-Symbol wird in die Luft „gezeichnet“ und imaginiert. Bei der Anrufung beginnt man oben rechts und zieht das obere Dreieck im Uhrzeigersinn und dann dann das untere Dreieck von unten links aus im Uhrzeigersinn (bei beiden Dreiecke insgesamt nur „El“ singen), dann das Symbol („Ararita“ singen).

Jupiter-Hexagramm

e) Keim des Trankes: Stannum metallicum C200 (Zinn)

f) Stein entsprechend der Steinheilkunde: Chrysoberyll; evtl. auch Alexandrit, Dioptas oder Schalenblende

g) Jupiter-Symbol unter dem Trank; Tierkreiszeichen-Karten (Fische, Schütze) o.ä. dahinter, blaues Tuch

h) Anrufung:

Jupiter – erfülle diesen Trank;
komm zu mir, hab Dank!
In den Kelch aus Zinn und Dioptas,
bringe Cheseds Blau in rechtem Maß!

Erwecke das Dritte Auge in allen,
erfülle mit Schätzen unsere Hallen!
Vierfach sind Deine Wohltaten,
Gib Gedeihen: Mensch, Feld, Haus und Garten.

k) „Saturn-Trank“

a) „Saturn-Trank“ o.ä. sowie das astrologische Saturn-Symbol auf das Gefäß schreiben sowie eine Kette aus Blei drumherumhängen

b) Die zehn Tage sollten Tage sein, an denen der Mond mit dem Saturn eine Konjunktion bildet. Sie sollten ungefähr an Frühlingsanfang beginnen und in etwa in der Julnacht enden. Man kann auch die Vollmonde anstelle der Mond/Jupiter-Konjunktionen benutzen – das erhöht die Spannung in dem Trank, aber vermindert seine Jupiter-Qualitäten.

c) drei Verwirbelungen pro Tag, an dem man den Zaubertrank braut

d) Saturn-Hexagramm: Das Hexagramm und das Saturn-Symbol wird in die Luft „gezeichnet“ und imaginiert. Bei der Anrufung beginnt man oben in der Mitte und zieht das obere Dreieck im Uhrzeigersinn („Yod-He-Vau-He“ singen); dann das untere Dreieck von der unteren Spitze aus im Uhrzeigersinn („Elohim“ singen), dann das Symbol („Ararita“ singen).

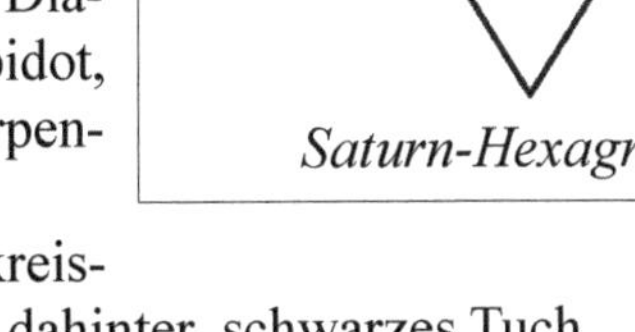

Saturn-Hexagramm

e) Keim des Trankes: Plumbum metallicum (Blei)

f) Stein entsprechend der Steinheilkunde: Diamant; evtl. auch Bojis, Calcit, Chiastolith, Epidot, Granat, Heliotrop, Nephrit, Pyrit, Saphir, Serpentin, Sugilith oder Türkis

g) Saturn-Symbol unter dem Trank; Tierkreiszeichen-Karten (Steinbock, Wassermann) o.ä. dahinter, schwarzes Tuch

h) Anrufung:

Saturn – erfülle diesen Trank;
komm zu mir, hab Dank!
Du bist aus Blei und schwarz und fest,
Du erschaffst für uns ein sich'res Nest!

Du öffnest uns Da'ath am Scheitel,
Du bist ernst, nichts an Dir ist eitel!
Dreifach pochst Du mit nüchternem Blick,
Du kehrst stets zum Wesentlichen zurück!

4. ausführliches Beispiel: Der Mars-Trank

Um das Zaubertrank-Brauen anschaulicher zu machen, folgt hier als Beispiel das Vorgehen beim Brauen eines Mars-Zaubertranks. Die Auswahl der homöopathischen Kügelchen, der Heilsteine usw. und auch die Erweiterung der Mars-Anrufung sind hier natürlich individuell – wenn man selber einen solchen Mars-Trank brauen sollte, ist es wichtig, selber auszuwählen, welche Zutaten man benutzen will, damit der Trank den Charakter erhält, den man anstrebt.

Vorbereitung

Die erwünschte Wirkung des Mars-Zaubertrankes wird möglichst genau definiert. Das muß nicht unbedingt eine sehr enge Definition sein (z.B. Heilung meines linken Waden-Muskels), aber sie sollte auch dann, wenn die Definition der Wirkung eher allgemein gehalten wird, trotzdem präzise sein (z.B. Auflösung aller Mars-Blockaden und Stärkung des Mars).

Dann sollte z.B. diese allgemeine Auflösung aller Mars-Blockaden und die allgemeine Stärkung des Mars sollen bei diesem Trank das alle Zutaten, alle Vorgänge und alle Zeitpunkte prägende Ziel sein.

Man sollte schon am Anfang entscheiden, ob man den Trank so brauen will, daß man ihn auch einnehmen und nicht nur zum Einreiben als Weihwasser usw. verwenden kann. Es sollte also stets auf evtl. giftige Stoffe geachtet werden.

In einer Ephemeride (Planetenstandstabelle) werden die Tage, an denen es eine Mars/Mond-Konjunktion gibt, herausgesucht und in den Kalender eingetragen. Dies sollten zehn Tage sein, wobei der letzte möglichst nah an der Julnacht (21.12.) liegen sollte.

Es wird ein Platz bereitet, an dem das Brauen stattfindet. Dort liegt ein rotes Tuch und dahinter stehen die beiden Johfra-Postkarten mit dem Motiv des Widders und des Skorpions. In der Mitte des Tuches liegt ein Stück festes Papier, das die Form eines Pentagons (Fünfeck) hat und auf das vor einem grünen Hintergrund das rote Mars-Symbol gemalt worden ist (grün/rot =Komplementärfarben).

Auf dem Papier mit dem Mars-Symbol steht ein verschließbares Glas für den Trank. Auf dem Glas ist Stück Elefantenhaut (ein Pergament-artiges Papier) mit der Aufschrift „Mars-Trank“ und dem Mars-Symbol geklebt. Um den Hals des Glases ist ein Armband aus Hämatit gewickelt.

Weiterhin liegen dort auf dem roten Tuch noch ein Dolch, einige Hämatit-Würfel, einige Apatschentränen (Rauchobsidian), ein Feueropal sowie mehrere Photos, Bilder und Zeichnungen von Gottheiten mit Mars-Charakter wie Horus, Tyr, Ares, Mars, Thor usw. Dort stehen auch fünf rote Kerzen und ein Räuchergefäß.

1. Tag

Mars-Hexagramm

Die fünf roten Kerzen und der Mars-Weihrauch werden entzündet.

Das Kleine Pentagramm-Ritual durchgeführen.

Das anrufende Mars-Hexagramm in den vier Richtungen, oben, unten und in der Mitte ziehen.

Das Hexagramm und das Mars-Symbol wird in die Luft „gezeichnet" und imaginiert. Bei der Anrufung beginnt man oben links und zieht das obere Dreieck im Uhrzeigersinn („Elohim" singen); dann das untere Dreieck von unten rechts aus im Uhrzeigersinn („Gibor" singen), dann das Symbol („Ararita" singen).

Anschließend an jedes Ziehen eines Hexagramms den Namen „Samael" des Erzengels des Mars singen (intonieren).

Den Mars mit der Anrufung herbeirufen:

Mars – erfülle diesen Trank;
komm zu mir, hab Dank!
Eisen-stark und Feuer-kühn,
soll das Rot von Geburah erblühn!

Im Chakra des Halses erklingt die Stimme,
fünfmal ruft sie von der Zinne,
verkündet das Ziel, ruft voller Kraft,
daß sie nun alles Gewollte erschafft!

Das Glas auf dem Brau-Altar wird zu zwei Dritteln mit einem Eisen- und Schwefelhaltigen Wasser aus einer Mineralquelle gefüllt. (Eisen, Schwefel und Phosphor sind die drei Substanzen, die in der organischen Chemie und somit auch im Menschen die Energieträger sind und folglich auch zu dem Mars gehören.) Hier ist dies das Wasser aus dem Draitsch-Brunnen in Bad Godesberg.

Bei dem Füllen werden die folgenden Worte gesprochen, die (wenn möglich) sinngemäß improvisiert, also spontan gesprochen und nicht abgelesen werden sollten:

Glas auf meinem Brau-Altar, sei die Gebärmutter der Göttin;
Wasser in dem Glas, sei das Fruchtwasser der Göttin.
Laßt den Trank, den ich hier braue, gedeihen
und zu einem Trank der Göttin werden –
zu dem Trank, der den Mars erweckt,
der Mut und Kraft gibt,
der den, der ihn trinkt, stark und kühn werden läßt.
Hilf mir dabei, Isis, Innana, Freya!
Laß diesen Trank zu Deiner Milch werden,
Laß sie zu dem Trank des Bären werden,
der zu der Nordseite der Schwitzhütte kommt;
laß ihn zu dem Trank des Orion werden,
der zusammen mit seinem Hund Sirius am Himmel jagt.
Segne diesen Trank!
… … …
Danke!

Nun wird in den Trank ein Kügelchen „Ferrum metallicum C200“ gelegt. Das ist symbolisch die Zeugung dieses Zaubertrankes.

Nun wird über dem Trank fünfmal nacheinander das anrufende Mars-Hexagramm gezogen, wobei sich die Intensität der roten Licht-Kugel des Mars rings um den Trank jedesmal steigert bis sie schließlich richtig glüht.

Dann wird sinngemäß das Folgende – wieder möglichst frei und mit eigenen Worten – gesprochen:

Mars, befruchte diesen Trank,
Mars, wachse in diesem Trank,
Mars, erfülle diesen Trank,
Mars, laß diesen Trank erglühen,
Mars, erfülle diesen Trank mit Deiner Kraft!

Der Trank wird mit Hilfe eines zweiten Gefäßes und eines Trichters am Ende fünfmal im Uhrzeigersinn verwirbelt.

Dabei spricht man:

Trank der Göttin,
verbinde Dich mit dem Keim des Mars,
laß ihn wachsen!
Vereint euch, gedeiht und werdet groß und größer,
werdet zu einem rotglühenden Trank voller Lebenskraft:

Lebenskraft des Eisens,
Lebenskraft des Rubins,
Lebenskraft des Feuers,
Lebenskraft der Stärke,
Lebenskraft des Kampfes,
Lebenskraft des Sieges,
Lebenskraft der Zeugung,
Lebenskraft des Tanzes,
Lebenskraft der Ekstase,
Lebenskraft des Mars!
... ...
Danke!
... ...
Ho!

Der Trank wird nun mit einem roten Tuch zugedeckt. Die Kerzen und der Mars-Weihrauch werden verlöscht.

Das Kleine Pentagramm-Ritual durchführen.

2. Tag

Die fünf roten Kerzen und der Mars-Weihrauch werden entzündet.

Das Kleine Pentagramm-Ritual durchführen.

Das rote Tuch von dem Glas mit dem Trank nehmen.

Das anrufende Mars-Hexagramm in den vier Richtungen, oben, unten und in der Mitte ziehen. Anschließend an jedes Hexagramm den Namen „Samael" des Erzengels des Mars singen (intonieren).

Den Mars mit der Anrufung herbeirufen: *„Mars – erfülle diesen Trank ..." usw.*

Vor dem Brau-Altar sitzen und eine Traumreise zum Mars unternehmen.

(Dabei bin ich selber Samael, dem Mars-Erzengel begegnet. Er hat mir gezeigt, wie es aussieht und sich anfühlt, wenn die Marskraft wirklich da ist – das ist wie ein glühender, gut gehaltener „Glut-Strahl", der sich senkrecht in der Körpermitte befindet. Ich soll den Mars auch in mich selber rufen und ich soll mich bei der Anrufung des Samael mit ihm identifizieren und anschließend das Brauen als Samael durchführen, d.h. dabei Samael in mir sehen, mich als Samael sehen und erleben.)

Der Trank wird mit Hilfe eines zweiten Gefäßes und eines Trichters am Ende fünfmal im Uhrzeigersinn verwirbelt. Dabei spricht man: *„Trank der Göttin ..." usw.*

Das Kleine Pentagramm-Ritual durchführen.

3. Tag

Eröffnung des Rituals wie zuvor: Kerzen, Weihrauch, Pentagramm-Ritual, Tuch, Hexagramme, sich als Samael sehen, Mars-Anrufung.

Dann wird das Glas mit dem Trank eingepackt und mit ihm zu einem Vulkan gefahren – in diesem Fall der Rodderberg im Süden von Bad Godesberg.

Der Trank steht auf dem Erdboden. Man imaginiert einen feinen Lichtstrahl von dem Trank bis zu der Erdmitte hinab zu dem Wurzelchakra der Erde (ihr glühender Eisen/Nickel-Kern). Von dort steigt dann als Antwort auf den feinen Lichtstrahl ein deutlich stärkerer Lichtstrahl empor, der die Gestalt eines roten Drachens annimmt. Dieser Lichtstrahl-Drache erfüllt dann den Trank mit Lebenskraft, die sehr intensiv wird.

Als nächstes imaginiert man einen feinen Lichtstrahl, der zu der Sonne am Himmel emporsteigt. Die Sonne entspricht dem Scheitelchakra. Von ihr fließt Lebenskraft-Licht in den Trank herab.

Das Erd-Feuer (Kundalini) und das Sonnen-Licht (Bindhu) vereinen sich in dem Trank und werden von dem Mars-Keim geprägt und nähren ihn und lassen ihn wachsen.

Man kehrt heim.

Der Trank wird mit Hilfe eines zweiten Gefäßes und eines Trichters am Ende fünfmal im Uhrzeigersinn verwirbelt. Dabei spricht man: *„Trank der Göttin ... “ usw.*

Das Kleine Pentagramm-Ritual durchführen.

4. Tag

Eröffnung des Rituals wie zuvor: Kerzen, Weihrauch, Pentagramm-Ritual, Tuch, Hexagramme, sich als Samael sehen, Mars-Anrufung.

In dem Trank wird ein Kügelchen „Hämatith C200“ aufgelöst. Das wird durch eine Traumreise zu dem Hämatith ergänzt.

(Der Hämatith-Stein sagt mir: „Achte auf Dein Hara; stehe fest da; übertrage diese Standfestigkeit auf den Trank.“ Das tue ich.)

Der Trank wird mit Hilfe eines zweiten Gefäßes und eines Trichters am Ende fünfmal im Uhrzeigersinn verwirbelt. Dabei spricht man: *„Trank der Göttin ... “ usw.*

Das Kleine Pentagramm-Ritual durchführen.

5. Tag

Eröffnung des Rituals wie zuvor: Kerzen, Weihrauch, Pentagramm-Ritual, Tuch, Hexagramme, sich als Samael sehen, Mars-Anrufung.

In dem Trank wird ein Kügelchen „Quercus C200“ (Eiche) aufgelöst. Das wird durch eine Traumreise zur Eiche ergänzt.
(Die Eiche sagt mir: „Sei still. Reg Dich nicht auf. Warte. Handle nicht übereilt. Sei elastisch. Gib nach, aber gib nie auf. Bleibe Du selber.“ Diese Haltung ist mir sehr sympathisch.)

Der Trank wird mit Hilfe eines zweiten Gefäßes und eines Trichters am Ende fünfmal im Uhrzeigersinn verwirbelt. Dabei spricht man: *„Trank der Göttin ... “ usw.*

Das Kleine Pentagramm-Ritual durchführen.

6. Tag

Eröffnung des Rituals wie zuvor: Kerzen, Weihrauch, Pentagramm-Ritual, Tuch, Hexagramme, sich als Samael sehen, Mars-Anrufung.

In dem Trank wird ein Kügelchen „Lac lupi C200“ (Milch einer Wölfin) aufgelöst. Das wird durch eine Traumreise zu einer Wölfin ergänzt.
(Die Wölfin sagt mir: „Achte auf Dein Rudel. Achte auf Dich. Achte auf die Geborgenheit. Achte auf die Jagd. Achte auf die Jungen. Du bist das Rudel – das Rudel bist Du. Bleibe in der Mondwölfin, in der Weißen Wölfin, in der Großen Wölfin, in der Muttergöttin der Wölfe. Werde eine weiße Wölfin. Achte auf Deine Zähne. Achte auf Deine Muskeln. Laufe, jage, wenn es an der Zeit ist. Ruhe, wenn es an der Zeit ist.“ – Das klingt nicht nur marsisch, sondern auch sehr mondig. Das scheint eine Beschreibung der effektiven Art, den Mars zu leben, zu sein. Vielleicht trifft das auch nur hauptsächlich für mich selber zu. Ich werde dem Rat folgen.)

Der Trank wird mit Hilfe eines zweiten Gefäßes und eines Trichters am Ende fünfmal im Uhrzeigersinn verwirbelt. Dabei spricht man: *„Trank der Göttin ... "* *usw.*

Das Kleine Pentagramm-Ritual durchführen.

7. Tag

Eröffnung des Rituals wie zuvor: Kerzen, Weihrauch, Pentagramm-Ritual, Tuch, Hexagramme, sich als Samael sehen, Mars-Anrufung.

In den Trank wird ein Rubin gelegt, der dem Zaubertrank eine weitere Wirkungs-Facette verleiht. Weiterhin werden dem Trank die wichtigsten der Substanzen hinzugefügt, die man mit der Qualität des Mars assoziiert.

Die Substanzen werden dem Trank jeweils hinzufügt, nachdem man den dazugehörenden Spruch gesprochen hat:

Eisenspan des Schwertes,
Du bist geübt im Kampf –
Du gibst dem Trank Schärfe!

Pfeilspitze der Indianer,
Du fliegst schnell dahin –
Du gibst dem Trank Kraft!

Späne des Speeres der Skythen,
Du erreichst sicher Dein Ziel –
Du gibst dem Trank Einsgerichtetheit!

Kugel des Gewehres,
Du bist unaufhaltsam –
Du gibst dem Trank Durchschlagskraft!

Rubin aus der Tiefe der Erde,
Du glühst ohne Ende –
Du gibst dem Trank Feuer!

Feueropal der Kundalini,
Du steigst unaufhaltsam empor –
Du gibst dem Trank geleitete Wut!

Obsidian der Azteken
Du zerschneidest alle Hindernisse–
Du gibst dem Trank freie Entfaltung!

Jaspis aus China,
Du bist das Herz der Krieger –
Du gibst dem Trank Mut!

Blatt der Brennessel,
Du bist von allen gefürchtet –
Du gibst dem Trank Verteidigungskraft!

Dorne der Brombeere,
Du stichst alle Angreifer –
Du gibst dem Trank starken Schutz!

Stachel der Schlehe,
Du behütest Deine Früchte –
Du gibst dem Trank Entschiedenheit!

Blüte der Venusfliegenfalle,
Du erlangst, was Du brauchst –
Du gibst dem Trank Durchsetzungskraft!

Zahn eines Tigers,
Du bist die Waffe des Angriffs –
Du gibst dem Trank Kühnheit!

Elfenbein eines Mammutstoßzahns,
Du bist die Waffe der Verteidigung –
Du gibst dem Trank Ausdauer!

Muskelfleisch eines Stieres,
Du bist die heftige Bewegung –
Du gibst dem Trank Unüberwindlichkeit!

Blut des Bären,
Du bist die Glut im Winter –
Du gibst dem Trank innere Hitze!

Der Trank wird noch einmal wie am 3. Tag mit dem Kundalini-Feuer der Erde und dem Bindhu-Licht der Sonne aufgeladen.

Nach dem Füllen des Trankes mit den „assoziativen Zutaten“ und dem Aufladen mit dem Erdfeuer und dem Sonnenlicht läßt man den Trank erst einmal eine Weile stehen, setzt sich vor ihn, hält ihn evtl. in der Hand und spürt der Mischung von Qualitäten in dem Trank nach, bis sie zur Ruhe gekommen sind.

(Die hier ausgewählten 16 Zutaten sind natürlich nur Beispiele für mögliche Mars-Zutaten, die man der eigenen Vorliebe nach variieren kann. Der Zauberspruch sollte dann den Zutaten entsprechend umgeschrieben werden. Es müssen auch nicht 16 Zutaten sein.)

Dann wird der Trank mit Hilfe eines zweiten Gefäßes und eines Trichters am Ende fünfmal im Uhrzeigersinn verwirbelt. Dabei spricht man: *„Trank der Göttin ... " usw.*

Das Kleine Pentagramm-Ritual durchführen.

8. Tag

Eröffnung des Rituals wie zuvor: Kerzen, Weihrauch, Pentagramm-Ritual, Tuch, Hexagramme, sich als Samael sehen, Mars-Anrufung.

Mittlerweile befinden sich schon etliche verschieden Zutaten in dem Zaubertrank. Daher folgt nun ein Vorgang der Integration.

Das Glas mit dem Trank wird eingepackt. Man geht zu einem abgelegenen Ort an einem Bach, an dem sich eine kleine Lichtung befindet. Es werden 12 Steine, die am Bach liegen, in einen Kreis von 2,5m Durchmesser gelegt. Auf die Steine werden die Symbole der 12 Tierkreiszeichen gemalt.

Das Glas mit dem Trank wird in die Mitte dieses Kreises gestellt.

Nun bittet man nacheinander die 12 Tierkreiszeichen, die durch die 12 Steine repräsentiert werden, die ihnen entsprechenden Elemente des Trankes zu sich zu nehmen und sie zu heilen, zu ordnen, zu fördern, zu segnen und zu stärken. Dafür stellt man sich vor, daß von dem Trank 12 Strahlen zu den 12 Steinen gehen – das begleitet man evtl. mit ein paar Worten:

Trank, löse Dich, entspanne Dich, lasse los ...
Die Zeichen des Zodiaks sind gekommen,
um Dich zu heilen,
um dich zu fördern,
um Dich zu segnen,
um Dich zu stärken.
Vertraue Dich ihnen an –
sie werden Dich sortieren,
sie werden Dich ordnen,

sie werden Dich wandeln,
sie werden Dich freier fließen lassen,
sie werden Dich mehr zu dem machen,
was Du wirklich bist.
Mars im Widder, im Löwen und im Schützen,
Mars im Krebs, im Skorpion und in den Fischen,
Mars in der Waage, im Wassermann und in den Zwillingen,
Mars im Steinbock, im Stier und in der Jungfrau –
das alles bist Du,
Du hast 12 Facetten
und gemeinsam seid ihr: Mars.

Nun stellt man sich vor, daß die 12 Steine aufleuchten. Schließlich strahlt von jedem Stein wieder ein Strahl in den Trank zurück. Nun imaginiert man, daß der Trank aufleuchtet.

Von der Einheit zur Zwölfheit,
von der Zwölfheit zurück zur Einheit;
von der Sammlung zur Zwölfheit,
von der Zwölfheit zurück zur organischen Einheit.
Das ist der Weg des Wachstums,
das ist der Weg des Entstehens.

Der Trank wird mit Hilfe eines zweiten Gefäßes und eines Trichters am Ende fünfmal im Uhrzeigersinn verwirbelt. Dabei spricht man: „*Trank der Göttin ...* “ *usw.*

Das Kleine Pentagramm-Ritual durchführen.

9. Tag

Eröffnung des Rituals wie zuvor: Kerzen, Weihrauch, Pentagramm-Ritual, Tuch, Hexagramme, sich als Samael sehen, Mars-Anrufung.

Wenn der Mars derzeit am Himmel steht, geht man mit dem Trank nach draußen an einen abgelegenen Ort. Ansonsten bleibt man vor dem Brau-Altar und sucht in einer Ephemeride die Richtung heraus, in der sich der Mars gerade befindet.

Man imaginiert eine Silberschnur von dem Trank zum Mars am Himmel bzw. unter dem Horizont und spürt dieser Verbindung nach. Diese „Silberschnur“ ist ein Faden aus Lebenskraft, der milchigweiß („silbern“) leuchtet.

Hier ergeben sich evtl. einige intuitive Handlungen.
(Ich sehe rote Lebenskraft zwischen dem Mars und dem Mars-Trank hin- und herfließen. Die Silberschnur wird rot und sieht aus wie eine Sehne oder wie ein Muskel. Ich sehe Bilder von Schwertern und Rittern … Das wirkt sehr lebendig. Daraus ergibt sich aber keine weitere Handlung.)

Der Trank wird mit Hilfe eines zweiten Gefäßes und eines Trichters am Ende fünfmal im Uhrzeigersinn verwirbelt. Dabei spricht man: *„Trank der Göttin ...“ usw.*

Das Kleine Pentagramm-Ritual durchführen.

10. Tag

Eröffnung des Rituals wie zuvor: Kerzen, Weihrauch, Pentagramm-Ritual, Tuch, Hexagramme, sich als Samael sehen, Mars-Anrufung.

Dies ist der Tag, an dem der Trank symbolisch geboren, d.h. fertiggestellt wird.

Der Trank ist gezeugt,
der Trank ist gewachsen,
der Trank ist bereit,
den Bauch der Göttin zu verlassen,
geboren zu werden.

Der Trank wird mit Hilfe eines zweiten Gefäßes und eines Trichters fünfmal im Uhrzeigersinn verwirbelt. Dabei spricht man: *„Trank der Göttin ...“ usw.*
Beim fünften Verwirbeln wird der Trank in die Flasche oder in die Flaschen o.ä. gefüllt, in denen er aufbewahrt werden soll. Der Trank ist nun, wo er das Brau-Gefäß verlassen hat, „geboren“ worden.

Schließlich beendet man das Brauen des Zaubertranks mit einer Geste der Erdung – hier ist es die Geste des Buddha Aksobhya, der mit der Spitze des rechten Mittelfingers die Erde berührt.

Das Kleine Pentagramm-Ritual durchführen.

XII Zusammenfassung

Der in dem vorigen Kapitel dargestellte Zaubertrank ist ein Trank, dessen „Zauber" in der Prägung der Lebenskraft dieses Tranks beruht und nicht in seiner chemischen Zusammensetzung. Die Zaubertränke, die auf ihrer chemischen Zusammensetzung wirken, zählen zu eher zu den Medikamenten und zu den Drogen als zu den Zaubertränken.

Bevor man damit beginnt, einen Zaubertrank zu brauen, sollte man prüfen, ob ein Zaubertrank wirklich der effektivste Weg ist, auf dem man sein Ziel erreichen kann. Natürlich kann man einen solchen Versuch auch einmal rein aus Neugierde durchführen.

Man kann solche Zaubertränke einnehmen, sich damit einreiben, es wie Weihwasser verwenden, es als Füllung für einen Spiritus familiaris (Hausgeist) verwenden, es als Füllung für einen hohlen Zauberstab benutzen, mit ihm Talismane besprenkeln, mit ihm Tempel weihen und noch vieles mehr.

Wenn einem die Form der Magie, in der die Verwendung von magischen Gegenständen wichtig ist, sehr sympathisch ist, ist es möglicherweise ganz hilfreich, eine Flasche Zaubertrank von jedem der sieben klassischen Planeten für die verschiedensten Zwecke zur Verfügung zu haben.

Zum Schluß noch einmal die Warnung: Wenn bei der Herstellung des Zaubertrankes giftige Stoffe wie z.B. Blei, Arsen-haltige Steine oder auch der Saft eine Giftpflanze verwendet worden ist, oder wenn man ein Gefäß aus Blei oder einem anderen giftigen Stoff verwendet hat, sollte dieser Zaubertrank **nicht getrunken** werden.

Ein Zaubertrank sollte helfen und nicht eine Vergiftung verursachen, die möglicherweise nicht rückgängig gemacht werden kann!

Bücher von Harry Eilenstein

- The Synthesis of Physics and Magic (192 p.)
- Telepathy for Beginners (60 p.)
- Telepathy for Advanced Learners (52 p.)
- Telekinesis for Beginners (56 p.)
- Life Force for Beginners (76 p.)
- Kundalini for Beginners (104 p.)
- Astral Projection for Beginners (60 p.)
- Meditation for Beginners (60 p.)
- Prophecy for Beginners (60 p.)
- Ritual Magic for Beginners (64 p.)
- Magic Chant for Beginners (108 p.)
- Invocations for Beginners (52 p.)
- Evocations for Beginners (62 p.)
- Auto-Movement for Beginners (60 p.)
- Elves for Beginners (56 p.)
- Hypnosis for Beginners (56 p.)
- Love Magic for Beginners (52 p.)
- Money Magic for Beginners (60 p.)
- Magic Objects for Beginners (64 p.)
- Shamanism for Beginners (52 p.)
- Chakra-Magic for Beginners (148 p.)
- Language of the Moon – for Beginners (128 p.)
- Self Knowledge for Beginners (60 p.)
- Da'ath-Magic for Beginners (64 p.)
- Astrology for Beginners (112 p.)
- Number Symbolism for Beginners (64 p.)
- Mandalas for Beginners (76 p.)
- Crop Circles for Beginners (344 p.)
- Feng Shui for Beginners (96 p.)
- Magic Research for Beginners (140 p.)

- Magic for Beginners – Anthology I (636 p.)
- Magic for Beginners – Anthology II (616 p.)
- Magic for Beginners – Anthology III (684 p.)
- Magic for Beginners – Anthology IV (580 p.)

Religion allgemein

- Die sieben Schritte des Lebens (428 S.)
- Muttergöttin und Schamanen (168 S.)
- Totempfähle (440 S.)
- Der Urriese (168 S.)

Jungsteinzeit

- Göbekli Tepe (472 S.)
- Die Göttin von Göbekli Tepe (144 S.)

Ägypten

- Hathor und Re 1: Götter und Mythen im Alten Ägypten (432 S.)
- Hathor und Re 2: Die altägyptische Religion – Ursprünge, Kult und Magie (396 S.)
- Isis (508 S.)

Christentum

- Christus (60 S.)
- Die Biographie des Teufels (144 S.)

Indogermanen

- Die Entwicklung der indogermanischen Religionen (700 S.)
- Wurzeln und Zweige der indogermanischen Religion (224 S.)

Griechen

- Pan (336 S.)
- Poseidon (668 S.)

Inder

- Dakini (80 S.)
- Vajra (76 S.)

Germanen

- Die Götter der Germanen (87 Bände – siehe nächste Seite)
- Odin (300 S.)

Kelten

- Cernunnos (690 S.)
- Taliesin (228 S.)
- Der Kessel von Gundestrup (220 S.)
- Der Chiemsee-Kessel (76)

Psychologie

- Über die Freude (100 S.)
- Das Geheimnis des inneren Friedens (252 S.)
- Das Beziehungsmandala (52 S.)
- Gefühle und ihre Verwandlungen (404 S.)
- einsgerichtet (140 S.)
- Liebe und Eigenständigkeit (216 S.)
- Von innerer Fülle zu äußerem Gedeihen (52 S.)

Heilung

- Die Symbolik der Krankheiten (76 S.)

Kunst

- Herz des Tanzes – Tanz des Herzens (160 S.)
- Die Wurzeln der Kunst (60 S.)
- Wege zur Musik-Improvisation (32 S.)

Drama

- König Athelstan (104 S.)

„Magie für Anfänger"

- Telepathie für Anfänger (60 S.)
- Telepathie für Fortgeschrittene (52 S.)
- Telekinese für Anfänger (52 S.)
- Analogien für Anfänger (56 S.)
- Lebenskraft für Anfänger (60 S.)
- Meditation für Anfänger (56 S.)
- Kundalini für Anfänger (100 S.)
- Hypnose für Anfänger (56 S.)
- Auto-Movement für Anfänger (56 S.)
- Chakra-Magie für Anfänger (148 S.)
- Astralreisen für Anfänger (56 S.)
- Astrologie für Anfänger (120 S.)
- Silberschnüre für Anfänger (52 S.)
- Zaubersprüche für Anfänger (60 S.)
- Ritual-Magie für Anfänger (56 S.)
- Mandalas für Anfänger (68 S.)
- Geldzauber für Anfänger (56 S.)
- Liebeszauber für Anfänger (52 S.)
- Invokationen für Anfänger (52 S.)
- Evokationen für Anfänger (60 S.)
- Geister für Anfänger (52 S.)
- Elfen für Anfänger (56 S.)
- Magie-Forschung für Anfänger (140 S.)
- Magie-Romantik für Anfänger (60 S.)
- Selbsterkenntnis für Anfänger (52 S.)
- Einweihungen für Anfänger (60 S.)
- Drogen-Kabbala für Anfänger (216 S.)
- Zahlensymbolik für Anfänger (60 S.)
- Die Sprache des Mondes – für Anfänger (116 S.)
- Zaubergesänge für Anfänger (100 S.)
- Zukunftschau für Anfänger (60 S.)
- Schamanismus für Anfänger (52 S.)
- Schwitzhütten für Anfänger (52 S.)
- Magische Gegenstände für Anfänger (68 S.)
- Zaubertränke für Anfänger (64 S.)
- Magie-Gesten für Anfänger (252 S.)
- Da'ath-Magie für Anfänger (64 S.)
- Kornkreise für Anfänger (348 S.)
- Feng Shui für Anfänger (96 S.)
- Tao für Anfänger (112 S.)
- Magie für Anfänger – Sammelband I (696 S.)
- Magie für Anfänger – Sammelband II (664 S.)
- Magie für Anfänger – Sammelband III (580 S.)
- Magie für Anfänger – Sammelband IV (700 S.)
- Magie für Anfänger – Sammelband V (676 S.)

„Traumreisen"

- Traumreisen zu Heilpflanzen (700 S.)

Magie

- Handbuch für Zauberlehrlinge (408 S.)
- Tarot (104 S.)
- Physik und Magie (184 S.)
- Die Synthese von Physik und Magie (200S.)
- Die Magie-Formel (156 S.)
- Schwarze Löcher in der Magie (56 S.)
- Krafttiere – Tiergöttinnen – Tiertänze (112 S.)
- Schwitzhütten (524 S.)
- Mythen und Magie der Harfe (116 S.)
- Drei Adeptus Major Rituale (192 S.)

Meditation

- Der Lebenskraftkörper (230 S.)
- Die Chakren (100 S.)
- Das Chakren-System mit den Nebenchakren (296S.)
- Organe und Chakren (64 S.)
- Die platonischen Körper in den Chakren (156 S.)
- Meditation (140 S.)
- Drachenfeuer (124 S.)
- Kundalini I (676 S.)
- Kundalini II (672 S.)
- Reinkarnation (156 S.)
- einsgerichtet (140 S.)

Astrologie

- Astrologie (496 S.)
- Photo-Astrologie (428 S.)
- Die astrologischen Aspekte (88 S.)
- Horoskop und Seele (120 S.)

Kabbala

- Kursus der praktischen Kabbala (150 S.)
- Eltern der Erde (450 S.)
- Blüten des Lebensbaumes:
  - Die Struktur des kabbalistischen Lebensbaumes (370 S.)
  - Der kabbalistische Lebensbaum als Forschungshilfsmittel (580 S.)
  - Der kabbalistische Lebensbaum als spirituelle Landkarte (520 S.)

Eilenstein, Frater V.D., Knecht, Büdenbender

- Magie heute – Berichte aus der Praxis (288 S.)
- Living Magic (261 p.)

Büdenbender, Eilenstein

- Chaos, Alk und Magic (436 S.)

Die Themen der 87 Bände der Reihe „Die Götter der Germanen“

1. Die Entwicklung der germanischen Religion
2. Lexikon der germanischen Religion
3. Der ursprüngliche Göttervater Tyr
4. Tyr in der Unterwelt: der Schmied Wieland
5. Tyr in der Unterwelt: der Riesenkönig Teil 1
6. Tyr in der Unterwelt: der Riesenkönig Teil 2
7. Tyr in der Unterwelt: der Zwergenkönig
8. Der Himmelswächter Heimdall
9. Der Sommergott Baldur
10. Der Meeresgott: Ägir, Hler und Njörd
11. Der Eibengott Ullr
12. Die Zwillingsgötter Alcis
13. Der neue Göttervater Odin Teil 1
14. Der neue Göttervater Odin Teil 2
15. Der Fruchtbarkeitsgott Freyr
16. Der Chaos-Gott Loki
17. Der Donnergott Thor
18. Der Priestergott Hönir
19. Die Göttersöhne
20. Die unbekannteren Götter
21. Die Göttermutter Frigg
22. Die Liebesgöttin: Freya und Menglöd
23. Die Erdgöttinnen
24. Die Korngöttin Sif
25. Die Apfel-Göttin Idun
26. Die Hügelgrab-Jenseitsgöttin Hel
27. Die Meeres-Jenseitsgöttin Ran
28. Die unbekannteren Jenseitsgöttinnen
29. Die unbekannteren Göttinnen
30. Die Nornen
31. Die Walküren
32. Die Zwerge
33. Der Urriese Ymir
34. Die Riesen
35. Die Riesinnen
36. Mythologische Wesen
37. Mythologische Priester und Priesterinnen
38. Sigurd/Siegfried
39. Helden und Göttersöhne
40. Die Symbolik der Vögel und Insekten
41. Die Symbolik der Schlangen, Drachen und Ungeheuer

42.a Die Symbolik der Herdentiere I

42.b Die Symbolik der Herdentiere II

43. Die Symbolik der Raubtiere
44. Die Symbolik der Wassertiere und sonstigen Tiere
45. Die Symbolik der Pflanzen
46. Die Symbolik der Farben
47. Die Symbolik der Zahlen
48. Die Symbolik von Sonne, Mond und Sternen

49.a Das Jenseits I – Das Hügelgrab

49.b Das Jenseits II – Der Jenseitsweg

50. Seelenvogel, Utiseta und Einweihung
51. Wiederzeugung und Wiedergeburt
52. Elemente der Kosmologie
53. Der Weltenbaum
54. Die Symbolik der Himmelsrichtungen und der Jahreszeiten

55.a Mythologische Motive I

55.b Mythologische Motive II

56. Der Tempel
57. Die Einrichtung des Tempels
58. Priesterin – Seherin – Zauberin – Hexe
59. Priester – Seher – Zauberer
60. Rituelle Kleidung und Schmuck
61. Skalden und Skaldinnen

62 Kriegerinnen und Ekstase-Krieger

63. Die Symbolik der Körperteile

64.a Magie und Ritual I

64.b Magie und Ritual II

64.c Magie und Ritual III

65. Gestaltwandlungen

66.a Magische Angriffs-Waffen

66.b Magische Verteidigungs-Waffen

67. Magische Werkzeuge und Gegenstände
68. Zaubersprüche
69. Göttermet
70. Zaubertränke
71. Träume, Omen und Orakel
72. Runen
73. Sozial-religiöse Rituale
74. Weisheiten und Sprichworte
75. Kenningar
76. Rätsel
77. Die vollständige Edda des Snorri Sturluson
78. Frühe Skaldenlieder

79.a Mythologische Sagas I

79.b Mythologische Sagas II

80. Hymnen an die germanischen Götter